古代豪族と大王の謎

水谷千秋

宝島社新書

はじめに

いきなり私事で恐縮だが、昭和五十七（1982）年四月、一浪の末に龍谷大学文学部の国史学専攻（現在の日本史学専攻）に入学した。そのときはまだ古代史を専攻するかどうかは決めていなかったが、講義は一般教養科目が大半で、念願の史学科に入学が叶った割に歴史の講義が少ないのを少し不満に思ったのを覚えている。もう三十七年も前の話だ。数少ない日本史の授業が必修の「国史学基礎購読Ｉ」という科目で、これがたまたま古代史専門の日野昭先生の担当だった。級友にこの先生は古代のどの時代を専門にされているのだろうかと尋ねると、蘇我《そが》氏を専門にされているらしいと教えてくれた。当時の私は、日本古代史の最も重要なテーマは邪馬台国《やまたいこく》問題だと信じていたので、いささかがっかりしたものだ。蘇我氏などを専門にしている学者がいるのも意外であった。古代史の主役が天皇であるなら、氏族（豪族）は脇役ではないか。それに蘇我氏というと、当時の私にはまだ悪者というイメージがあった。なぜそのような豪族を専門にされるのか。今思うとお恥ずかしい限りだが、いぶかしく感じていた。

入学して半年、一年経つと、もちろんこのような理解が浅はかだったことが身に沁みてわかった。三回生から始まるゼミでは、私は躊躇《ちゅうちょ》なく古代史を選び、一回目のゼミ発表では「息長《おきなが》氏の系譜と伝承」というテーマで発表した。卒業論文では息長氏と関係の深い継体天皇について考察したのだった。

日野昭先生は、蘇我氏研究のいわばパイオニア的な研究者で、昭和二十九（1954）年に書かれた最初の論文から一貫して蘇我氏に関する論文を書いてこられたような方である。後年、直接お聞きした話だが、あるときどこか近畿地方の公民館に呼ばれて蘇我氏についての講演をされたとき、終わって控室に戻ると、館長さんが笑顔で迎えられ、今日は実はどんなお話になるか、とても心配していたのですが、学問的なお話だったのでホッといたしました、と言われた。先生はその言葉の意味がすぐにはわからなかったそうだが、この講演会の主催者と公民館は直接の関係はなかったのだろう。講演内容に公民館側が内心配していたのは、テーマが蘇我氏だったからではないか、とあとになってから気づいた。もちろんこれは戦後も四半世紀以上経ってからのことだ。それでもまだ蘇我氏に逆賊というイメージがあった。館長さんとしては何か〝不敬〟にあたるような内容の講演なのでは、と懸念されたようである。そのような体験をされたことを日野先生からお聞きした。

そんな時代を思うと、今は隔世の感がある。近年、日本古代史への関心は、さらに高まっているが、関心の対象が、かつてのような邪馬台国や聖徳太子や、天智・天武・持統といった有名な天皇だけでなく、大和政権を構成した有力豪族(氏族)たちにまで広まっているように思う。

またこの二、三年の間に蘇我氏を取り上げた新書がいくつか出版され、話題となった。蘇我氏というと白眼視されたような時代は本当に過去のものとなった。七年前に亡くなられた日野先生が生きておられたら、どのような感慨を述べられるだろうか、と思う。一般の古代史ファンの関心が豪族にまで広まっているとすれば、明らかにそれは関心が深く広く進展している結果だろう。豪族の中にはもちろん渡来系豪族もいる。九年前に私は『謎

の渡来人 秦氏《はた》』という本を書いた。渡来人に対する関心も強くなってきているのを実感している。

これ以外にも大伴《おおとも》氏、物部《もののべ》氏、葛城《かつらぎ》氏、中臣《なかとみ》氏、阿倍氏等々、古代史上重要な豪族は枚挙にいとまがない。日本古代史は、大王とこれら有力豪族とのせめぎ合いの中で展開してきた。本書では、こうした視点から古代豪族と大王の興亡の歴史を追っていきたい。

※本書では『古事記』『日本書紀』をはじめとする史料は、読者の便に供するため、原則として全て現代語訳したものを挙げた。

#『古代豪族と大王の謎』目次

第三章　雄略から欽明の時代　～中央豪族合議制の成立～　71

第四章　蘇我氏全盛期における豪族たち　123

第七章 律令制と豪族 223

第一章　日本古代史における豪族

天皇と豪族

日本の古代国家の形成過程は、大王(天皇)のみの力により、展開されたものではない。彼らと提携し、協力しながら国家形成に貢献し、また中には最後に反乱を起こし、滅ぼされた豪族たちもいた。彼らの存在なくして、日本の古代史を語ることはできない。古代の天皇にとって、彼らがどういう存在だったのかを端的に示す詔が『日本書紀』にある。『日本書紀』の大化二(646)年三月条、孝徳天皇の詔である。現代語訳したものを挙げよう。

この場に集まる群卿《まえつぎみ》大夫及び臣《おみ》・連《むらじ》・国造《くにのみやつこ》・伴造《とものみやつこ》・併せて諸の人民たちよ、皆よく聴け。そもそも天地の間に君主として万民を治めることは、独りでできることではない。必ず臣下の者の助けが必要である。これによって、代々の我が皇祖らは、汝たちの祖先たちと共に治めてこられた。朕も神のお力をいただいて、汝たちと共に治めようと思っている。

こうした政治観は、大化前代からの大王と「大夫（諸臣・群卿・群臣などマエツギミ）」とによる連合体制、合議制政治を前提にしたものと言えよう。

畿内政権論という学説

日本古代史学界において、かつて豪族研究は等閑視されていたが、戦後もしばらく経って、ようやく本格的な研究が開始された。豪族をめぐって戦後の学界で長く論争となってきたのが、東北大学教授であった関晃《せきあきら》氏の唱えた畿内政権論である。日本古代国家の本質は、「畿内（大和・河内・摂津・山城・和泉）の勢力（大王・豪族）による全国（地方）支配」であり、政権内部にも「支配層内部における専制君主制を志向する天皇権力と、これに対抗する貴族勢力との対立関係」があり、古代国家の本質は、むしろ貴族共和制的要素が強いとした。

この畿内政権論は、長く戦後の古代史学界の中心的な論争のテーマとなってきた。邪馬台国問題など比較にならないくらいの中心的な論争だった。その背後には実をいうとイデオロギー的な問題もあった。マルクス主義史学では、資本制生産に先行する土地所有の形態のひとつとして、アジアでは強固な共同体的土地所有を基礎にした「専制君主制」が必然的に成立すると説き、これを「アジア的(東洋的)専制君主制」と命名している。そのため、マルクス主義史学の影響の強い研究者は、戦前から戦後までこぞって日本古代は専制君主制国家の時代であったことを前提とした。関はこれに正面から疑問を呈したのであった。

今では、この説は決着がつけられ、過去のものになったと主張する論者もいるが、こういったことは論争の当事者が自分が勝ったと言っても、信用できるかどうか判断しがたいだろう。第三者的な立場の者でないと信用できないのは言うまでもない。

また私自身の目からすると、創唱者である関の論調も少しずつ変化しているように見える。それが好ましい方向での展開ならばいいのだが、残念ながらいささか違うように感じられる点がないわけではない。関晃の研究からいま私たち後進が受け取るべきは、何だろうか。本書では詳しく畿内政権論について考えたいと思う。

提唱者・関晃

関晃という学者は、一般書の刊行は昭和三十一（1956）年の『帰化人』一冊だけで、古代史ファンの多くにはあまり知られていないのかもしれない。しかし井上光貞氏なら読者もご存知ではないか。井上は東京大学教授、戦後の古代史研究をリードしてきた、まさに第一人者であった。その名前は山川出版社の高校日本史教科書の編者として、また昭和四十（1965）年に発刊され、大ベストセラーとなった中央公論社の『日本の歴史』第一巻「神話から歴史へ」の著者としても知られていよう。関は井上の東大の同級生であった。

現東京大学教授の大津透氏が書いているように、関は「井上の活躍に隠れてやや地味ではあるが、大化改新研究や帰化人研究を柱として、『日本書紀』の厳密な史料批判にもとづく実証的古代史研究を進展させた」学者であった。

井上が晩年に書いた自叙伝『わたくしの古代史学』に、関についての記述がある。彼は「一高出身の秀才」で、卒業論文に「立派な論文」を書き、「はじめから一目おいていた」。「関君に負けまいとする競争心はその後ずっとわたくしの勉強の拍車となった」。井上は学生時代から関に一目置き、ライバルとして意識してきたことを素直に明かしている。

大夫(マエツギミ)の存在

関の古代史論のもとになっていて、しかも氏が初めて明らかにしたことがいくつかある。ひとつは、蘇我氏が主に務めた「大臣《おおおみ》」、大伴氏と物部氏が務めた「大連《おおむらじ》」の下に、「大夫《まえつぎみ》(群臣)」とよばれる畿内の有力豪族層が存在したことである。彼らは、「朝政に参議し、奏宣のことなどを行い」、「朝廷権力の主要部を形成し、それが大化前後を通じて大した変化もなく存続」した。「大夫」以外に「群卿」、「群臣」、「侍臣」、「卿大夫」等々いろいろな表記があって、いささか紛らわしいのだが、いずれも読みは「マエツギミ」であって、同一のものを指す。その地位は、推古朝の冠位十二階では第一位の大徳、第二位の少徳に相当し、律令制の位階では、「五位」以上の者を指した。大化前代から律令制の時代まで激動の時代を経ながらも、かつての豪族たちは貴族となり、生き残った。「マエツギミ」は長い間にわたり命脈を保ってきたのである。

重要なのは、それらがすべて畿内の豪族に占められていたことだ。なぜだろうか。『日本書紀』は、大化改新で「畿内国」という地域区画が初めて設定されたように記している。それは、東は「名墾横河《なばりのよこかわ》」（現・三重県名張市）、南は「紀伊兄山《せやま》」（和歌山県伊都郡かつらぎ町）、西は「赤石櫛淵《あかしのくしふち》」（神戸市須磨区）、北は「近江狭狭波合坂山《さ さなみあふさかやま》」（滋賀県大津市逢坂）、この四至（四地点）の内側だという。これはのちの畿内（大和・河内・摂津・山城・和泉）五国とは異なる。

「畿内」とは本来中国では王城の地とその周辺を指すが、日本ではその後、畿外の近江に遷都したにもかかわらず、畿内の区画に変化はなかった。そこで関は、日本古代の畿内は、王城の所在とは関係なく定められ、機能してきたものだと考えた。それは、この大夫《まえつぎみ》に代表される有力豪族層の本拠地のことであったと主張したのである。つまり畿内とは、「改新によって新支配層を形成した豪族たちの居住していた地域」であって、「この地域の豪族がまず皇室を中心にして連合体的に結束し、その全体の力で四方に勢力を伸ばした」のが日本の古代国家であるとした。この豪族層がのちの律令制の時代の貴族にもなっていくのである。まさに「畿内ブロックの全国支配」だった。

蘇我馬子と聖徳太子

二つ目は、推古朝の政治を主導していたのは、聖徳太子ではなく蘇我馬子《そがのうまこ》だったということだ。関は「推古朝は蘇我氏権力がまさにその絶頂に到達した時期であって、朝廷の実権者は大臣蘇我馬子であり、（聖徳）太子は女帝の政治面における代行者であった」と述べた。この時代を聖徳太子中心に見てしまうのは、知らず知らず『日本書紀』の史観に影響されてしまっているからだ。こうした推古朝観は、その後、日野昭氏なども認めるようになり、現在ではほぼ通説のようになっているが、最初に唱えたのは関晃であった。関は、聖徳太子と蘇我氏を対立的に捉えるのは、大きな先入観であるとし、両者は「違う立場にいながら協調しているというよりも、もっと一体というか、そういう関係だと考えた方がいい」と言う。

第三に、推古朝の政治を律令制国家形成の先駆的意味をもつとする通説を、関は否定した。推古朝の政治はあくまで「氏姓制度にもとづく政治」であって、「これを大化の改新の先駆とする正当な根拠」は「ほとんど見当たらない」というのである。推古朝の政治、すなわち蘇我氏による政治は、律令制の形成を志向するものではなかったというのである。これは当時の通説であった井上光貞の説と真っ向から異なるものであった。

井上は、6世紀以来、天皇家の経済的・軍事的実力は著しく増大していたとし、「律令的諸制度の萌芽は、大化前代にすでにかなりのところまで成長しており、それにともなって皇室の実力もいちじるしく増大してきていた」と考える。これによれば、「いわゆる太子の新政は皇室の実力向上の結果出現したものであり、それはまた律令的進化コースの一画期だったことになる」。

大化改新について国際的な要因をより重視するのも、関の論の特徴である。618年、隋に代わって成立した唐の太宗は、高句麗遠征を実行しようと準備を進め、東アジアの海外情勢は緊迫化していく。その中で「5世紀以来着々とその実力を充実向上させてきていた朝廷を構成する中央勢力全体」が、「国力を急速に集中発揮できるような高度に中央集権的な支配体制に切り替えようとして行なった政治変革」が大化改新だと考えるのである。大化改新を行った主体は、「朝廷を構成する中央勢力全体」＝畿内豪族たちだというのだ。

畿内政権論への批判

日本古代の国家において、天皇とはどのような存在だったのだろうか。専制的な権力をもっていたのか。それとも制度上は君主として存在しているけれども、実際それほどの力はなく、むしろ豪族による合議制によって政治が運営されていたのか。どちらをとるかで、日本古代史の捉え方も随分違ってくるだろう。関が見解を発表するまでは、大方は前者の考えを支持していた。先に述べたマルクス主義史学の公式では古代国家は専制国家であることが前提とされていたし、非マルクス主義の学者でもこうした見方が支配的だった。

たしかに古代日本が制定していた律令では、天皇は法を超越した究極的存在として位置づけられている。しかし律令は言うまでもなくもともと中国の法である。これを継受した日本では実際はどうであったのか。中国皇帝と同じような専制的絶対君主としての天皇の姿は建前に過ぎず、実態は異なるものであった可能性も否定はできない。関は固定観念に囚われない鋭利な分析から、日本の古代は「かなり貴族制的な性格が強く、専制君主というには程遠いもの」だったとした。

この説は、賛否をめぐって長く論争が展開されてきた。古くは石母田正《いしもだただし》が主著『日本の古代国家』の中で論及した。実証的な古代史研究を重んじつつも、マルクス主義史学を追究した石母田は、関の論を部分的には高く評価しながらも、結論としては日本の律令国家は「類型としては東洋的専制国家に属しながらも、いちじるしく貴族制的要素をそなえている」ものであった、と位置づけた。日本の律令国家を「君主制的形態をとった貴族制的支配」と見る関の見解は「正しくない」とし、あくまで「東洋的専制国家」であったと結論づけたのである。

近年では、佐藤長門氏の著書『日本古代王権の構造と展開』が、日本古代の合議制は、「あくまで大王専制を保証する機関にすぎない」、「合議はあくまで王権のための機関であった」

との主張をしている。関が明らかにした合議制の存在は認めても、その実態は大化前代から一貫して大王（天皇）専制を保証するための合議制であって、日本の古代国家の本質は貴族共和制的なものではなく、天皇専制であったと主張しているのである。

川尻秋生氏も、合議は大王の諮問に答えて大夫一人ひとりが個人の意見を述べる形式で、合議の結果、大夫全体の意志が一本化されるわけではないとして、君主の権限の強さを指摘している。

これらから一部では、関の畿内政権論はもう過去の学説だとの声が多いのも事実である。

井上光貞の古代国家論

関は、5世紀末ごろから大和政権を構成する諸豪族の力が増していくのと反対に、天皇の力は衰えていくと見た。彼は「5世紀後半ごろの雄略朝を最後として、その後皇室が著しく衰運に向かった」とし、反面、中央豪族では6世紀以降、大伴氏、次いで物部氏が権勢を誇り、6世紀の中ごろに蘇我氏が現われ、物部氏を滅ぼして「大化改新まで権力を独占して朝廷の政治を運営した」と考えた。

皇室中心史観による過大視を除き去るならば、この時期に政治史のうえで皇室の地位が上昇してきていたという様子はほとんどうかがわれない。

というのである。朝廷の政治機構は充実し、複雑化していったけれども、逆に天皇の地位は次第にそこから埋没し、疎外されていったと言うのだ。

これとは対照的なのが、先にも挙げた井上光貞の見方である。晩年に書かれた論文の冒頭に、井上は「日本の古代史における一つの、しかもきわめて重要な転期は5、6世紀の間にある」とし、「すでに形成されていた統一王権は、この時期に、いわば専制王権へと向かうのであり、そこに7世紀初頭の推古朝、中葉の大化改新を経て、末期の律令国家へいたる展望が開かれた」と述べる。

雄略朝以前は「葛城氏との連合政権」であったのに対し、「雄略朝以後の倭国の王権は、軍事的専制王権としての自己を確立した」とし、その背後に「軍事的伴造の大伴・物部両氏」があったことを、井上は挙げている。こうした「大伴・物部の両氏の軍事的伴造を股肱とする大王家の専制権力が、次代へひきつがれていく」のであり、雄略の没後、継体・欽明朝にも継続していくと述べた。その延長線上に推古朝の政治があり、大化改新がある。

関説と井上説

関と井上は、雄略天皇が大伴氏、物部氏といった軍事的な氏族を使って、葛城氏、吉備氏などの有力豪族を制圧し、専制的な権力を獲得したとする点では共通している。違うのは、この専制君主雄略の没後、大王の権力がどうなったかである。

雄略のあと王位についたとされる清寧、顕宗、仁賢、武烈の時代、大王権力は、豪族の台頭の陰で衰退し、埋もれてしまったのか。それとも雄略の没後も順調に伸びていき、諸豪族を牽引していたのか。大王の権力よりも畿内豪族の合議を重視する関の見解と、大王主導の軍事的専制王権の成立を見る井上の見解と、この違いが、その後の歴史をどう見るかにもつながってくる。

この差はたとえば推古朝観にも反映される。先にも見たように「聖徳太子と蘇我氏、あるいは皇室と蘇我氏を対立的にみるのは大きな先入観」で、「協調しているというよりも、もっと一体化」した関係ととるべきだという関の見解に対して、井上は蘇我氏の力は認めながらも、推古朝の「外交権というものが、ある時期には聖徳太子がかなり発言権があったと考えた方がいいのではないか」、外交権だけではなく、「全体としては蘇我氏の時代だけれど、そのなかであの時期には聖徳太子が力を持っていたと考えるのです」という。大王あるいは王族の役割をより重視する井上は、「推古朝の政治はやはり大化の政治改革の前提をなすものである」と断言する。

関説の限界と問題点

畿内政権論を批判する佐藤氏は、関の古代史論には「古墳時代を軽視する傾向」があったという。「この説は、日本古代国家を畿内の諸豪族が連合して畿外勢力を支配したというとみなすものであるが、関の問題関心が645年の「大化改新」の評価から出発したためか、7世紀初頭にすでにあった畿内勢力の存在が立論の前提になっており、それ以前の動向にはあまり関心がはらわれていない」というのである。たしかに関の所論をいろいろ読んでみても、古墳時代までは射程内に入っていないように見える。畿内豪族による地方支配がどのようにして始まり、定着したのかについては、あまり深い考察をしているようには見えない。この点は私も同感である。

ここで私は、関の畿内政権をめぐる論争の背景に、マルクス主義史学の公式を支持するかどうかというイデオロギーの問題が介在したらしいことも、ためらいつつ付け加えておきたいと思う。先にも述べたように、関がこの説を構想した背景には、マルクス主義史学が実証的な検討をしていないにもかかわらず、日本古代国家が「アジア的専制君主制」であることを前提としていることに対する批判があった。実は関には後年、「マルクシズム思想の根本的疑問～正しい歴史理解のために～」という論文があり、そこで「私はかなり以前から、マルクシズム思想はその根本的なところに明白な矛盾があり、理論的にいってはじめから正当に成立しているとはいいがたいのではないかと考えている」と述べているのである。彼の畿内政権論には、マルクス主義史学の公式そのものに対する不信感が込められていると言って間違いない。

一方、マルクス主義史学を支持する石母田をはじめとする論者にとっては、関の見解は最初から容認しがたいものであっただろう。実際に発表後しばらく、関の学説への学界の反応は冷ややかであった。のちに早川庄八氏や大津透氏らが、関の説を評価する論文を発表するようになって初めて畿内政権論は有力な学説として議論されるようになったと言っていい。しかしその後、関や早川の論文には批判も多く寄せられるようになった。今もなお一方の研究者たちから、この説へ強い批判が続いているのはそうしたことと関わりがあると私は考えている。

対立する二つの見解は、しかし意外なところでは通底している。令制下(律令制の下の体制)とそれ以前(大化前代)とをひと続きに捉え、その前後で本質は変化していないという前提に立つ点ではどちらの見解も同じだ。しかし本当にそうだろうか。この点を私は疑問に思う。大化前夜・大化・天智・天武朝を経て、天皇権力は絶大なものとなり、一方最大最強の勢力を誇った蘇我氏の本宗家は滅亡した。この間に、古代国家の本質も大きく変貌しなかったのだろうか。この点はのちに考えたいと思う。

第二章　豪族の始まり

～豪族の分布・古墳と集落～

古墳・集落遺跡から見た豪族

『古事記』や『日本書紀』は、天岩戸《あまのいわと》神話や天孫降臨神話において、物部氏や中臣氏といった豪族の祖先神が天皇家の皇祖神たちと共に活躍していたさまを描いている。しかしそれは言うまでもないが、高天原《たかまがはら》を舞台とした神話であって、史実とは考えられない。

では大和や河内に勢力を誇ったこれらの豪族たちの存在を、考古学ではいつごろまでさかのぼって確認できるのだろうか。彼らの存在を、古墳や集落遺跡などによって、いつごろまでさかのぼって確認できるのだろうか。

少し前までは考古学から行う大王や豪族の研究というと、古墳だけがその資料であった。しかし古墳の分布やその変遷が、どこまで大王や豪族の地域的な広がりを反映しているのか、疑わしいとする声も最近はある。古墳の所在地が、本当にこれを造った勢力の本拠地と言えるのか、単なる葬地ではないのか、本拠地は別にあったのではないか、という疑問が一部の史学者には根強くあるのだ。

戦後の考古学の一方のリーダーであった近藤義郎氏は、のちに詳述するオオヤマト古墳群から佐紀古墳群への巨大前方後円墳の移動について、集落や居住地の移動を示すものではなく「ただ墳墓地を未開の原野に選定した」だけのことだとし、大和から河内の百舌鳥《もず》・古市古墳群への移動も従来のヤマト王権の延長線上にあると見る。吉村武彦氏のように「この視点が妥当であろう」とする研究者は現在もいる。

こうした声に応えるべく、近年では奈良県や大阪府の発掘調査が進展した結果、豪族たちの営んだと見られる集落の遺跡がずいぶん明らかになってきた。そこで本章では、古墳の研究に加えてこうした集落・居館の遺跡の研究を目下牽引している坂靖氏や菱田哲郎氏、田中元浩氏などの最新の研究を参考にしながら、古墳と集落との両面から豪族の活動の跡をうかがっていきたいと思う（なお、古墳の全長や年代推定については、今尾文昭『天皇陵を歩く』（2018年、朝日新聞社）、清家章『埋葬からみた古墳時代 女性・親族・王権』（2018年、吉川弘文館）、大阪府立近つ飛鳥博物館 平成二十八年度 秋季特別展図録『大王と豪族－6世紀の大和と河内』（2016年）等を参考にした）。

纏向遺跡の成立と展開

弥生時代の後期から古墳時代の初めにかけて継続して営まれた大きな集落というと、何と言っても大和盆地東部の纏向《まきむく》遺跡が代表的である。これ以前には大和盆地の中央部に唐《から》古《こ》・鍵《かぎ》遺跡という環濠《かんごう》集落が営まれていた。纏向遺跡はこれに代わるようにして、2世紀後半ころ(土器形式で言うところの庄内0式期)から形成されたらしい。2世紀後半というと、『魏志』倭人伝に記される倭国の大乱の時期に相当する。

その国、本亦男子を以て王と為し、住《とど》まること七、八十年。倭国乱れ、相攻伐すること歴年。すなはち共に一女子を立てて王と為す。名を卑弥呼と曰ふ。

これだけでは倭国の大乱の時期は明確でないが、『後漢書』東夷伝には

桓霊《かんれい》の間、倭国大いに乱れ、こもごも相攻伐し、歴年主無し。

とあって、桓帝・霊帝の治世であった西暦150~190年ごろの出来事であることがわかる。

畿内地方の大型古墳分布

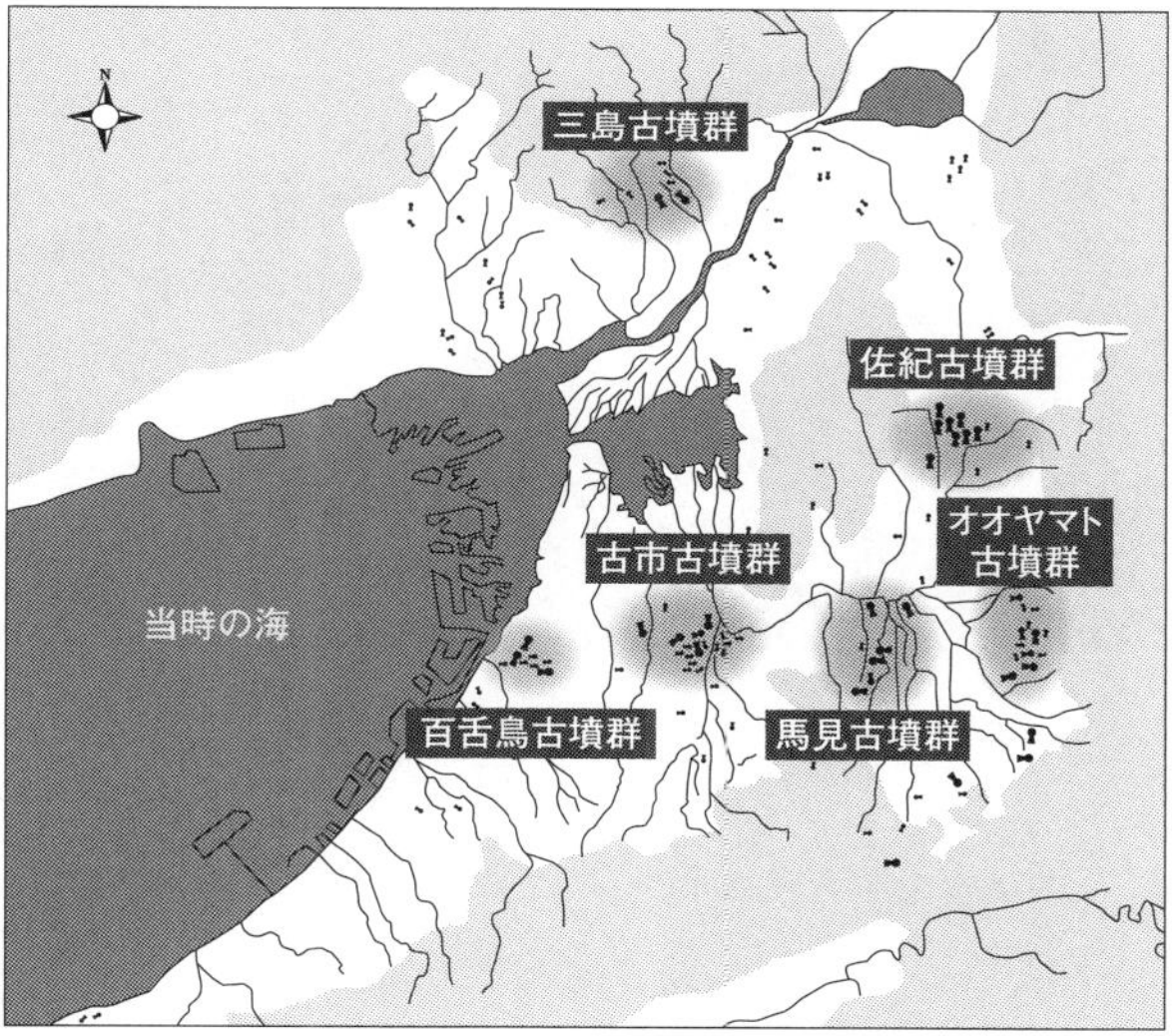

纏向遺跡は、倭国の大乱が終息し、卑弥呼が王に立てられた、ちょうどその前後に形成され、その後に発展した一大集落であった。総面積は2・7平方キロメートル、当時としては最大の規模で、その範囲からは、纏向大溝と呼ばれる溝や導水施設、鍛冶関連施設、大型建物跡などが見つかっている。発掘を担当した寺沢薫氏によると、これだけの遺跡であるにもかかわらず、農耕を行った形跡がないのだという。

箸墓古墳

箸墓古墳と纏向遺跡

最古の巨大前方後円墳・箸墓《はしはか》古墳（全長280メートル）は、まさにこの巨大集落遺跡の中に造られている。この鍵穴のような前方後円型の古墳（箸墓以前は墳丘墓とも言う）は、実はそれまでにもこの纏向では造られていた。おおよそ3世紀前半から中葉に造られた纏向石塚、ホケノ山、黒塚古墳などである。しかしどれもせいぜい全長80メートル程度にとどまる。そのあとに造られた箸墓は、いきなりその3倍以上の全長となる。

古墳の歴史から見れば、このいきなりの巨大化はたしかに画期的であり、この古墳が造られたことによっ

奈良盆地の大型古墳分布（白石太一郎『古墳とヤマト政権』をもとに作成）

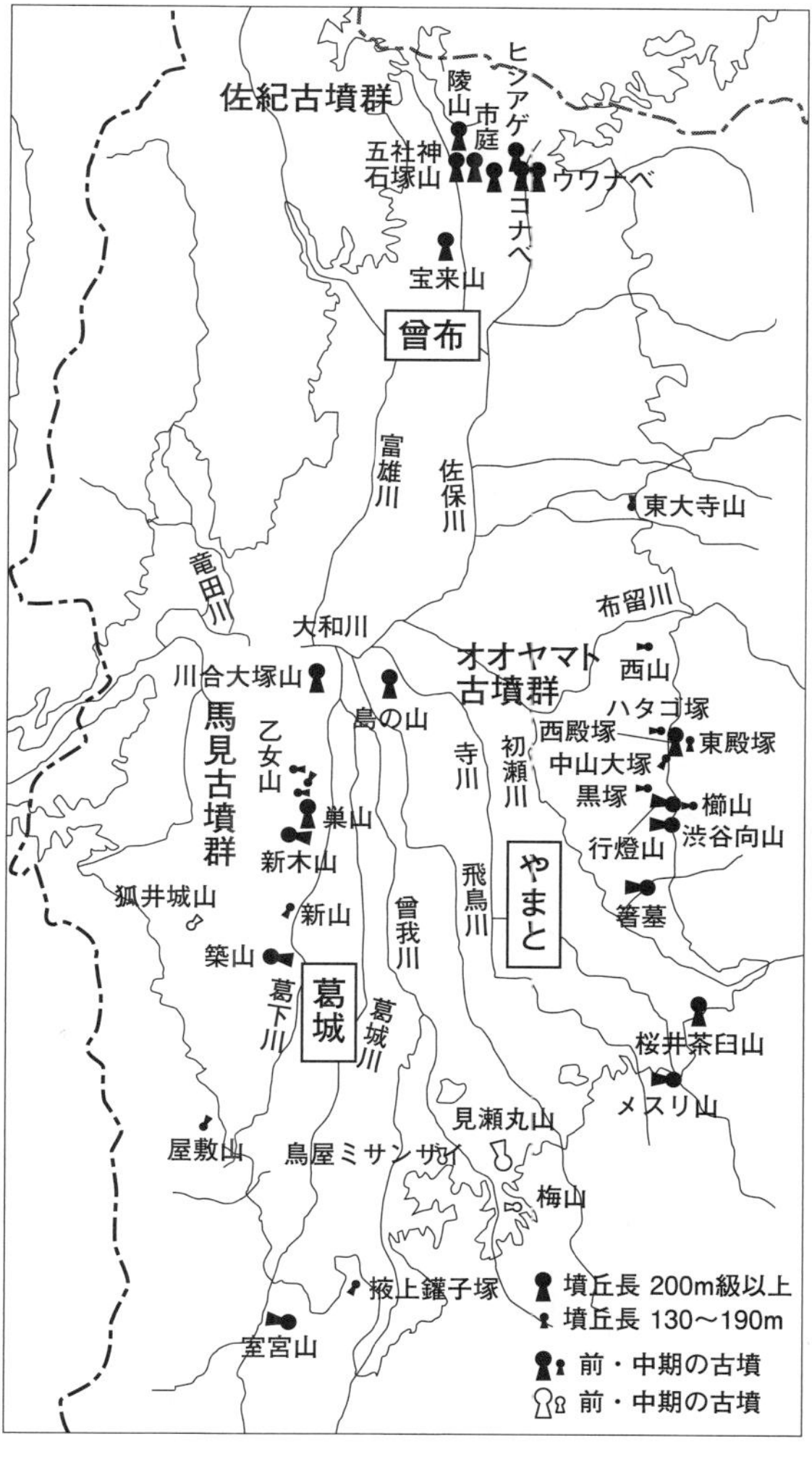

て、つまりこの墓の被葬者の死後、その後継者によって纏向の政権が確立した、と見る研究者もいる。しかしその墓がそれだけ壮大で豪華であるということは、被葬者の生前の権力を反映しているからこそであろう。箸墓の造営は3世紀半ば過ぎというけれども、纏向の王権が確立したのは、この古墳の被葬者が生きて活躍していた時代であろうと私は考える。その時代とは3世紀初めごろからと考えるのが、おおよそ正しいだろう。

墓は纏向の大集落のど真ん中に造られた。のちには、集落の中に墓を築くことを死の穢れとして嫌う宗教観念が生まれるようになるが、少なくともこのころにはそうしたものは存在しなかったことがわかる。深い水をたたえた周濠の向こうに見える箸墓の姿は、今も神秘的な雰囲気を漂わせ、見る者を古代の夢想に誘う。鬱蒼たる森と化した姿は往時とは異なるが、纏向が栄えていた当時、今は亡き王の巨大な墓を仰ぎ見ながら人々は暮らしていたのだ。

オオヤマト古墳群の王墓たち

箸墓を言わば初代として、以後この大和盆地東南部一帯に百年近くにわたり、陸続と初期の大型前方後円墳が造られた。山の辺《やまべ》の道に沿って南北に連なるこの古墳群は、全体では「オオヤマト古墳群」あるいは「大和《おおやまと》・柳本古墳群」と呼ぶことがあるが、一方でこれを北部・中部・南部の三古墳群に分類することが多い。その場合、最も南にある箸墓古墳を中心とした古墳群が「箸中古墳群」（「纏向古墳群」と呼ぶ研究者もいる）、その北東約1・2キロほどにある渋谷向山《しぶたにむかいやま》古墳（景行天皇陵）及びその0・6キロほど北の行燈山《あんどんやま》古墳（崇神天皇陵）などを中心とする柳本古墳群、さらにそこから1キロあまり北にある西殿塚《にしとのづか》古墳を中心とした大和古墳群（「萱生《かよう》古墳群」と呼ぶ研究者もいる）に分ける。

造られた順で言うと、箸墓のあと、西殿塚古墳（全長235メートル）、行燈山古墳（崇神天皇陵）（全長240メートル）、渋谷向山古墳（景行天皇陵）（全長300メートル）となる。西殿塚古墳は3世紀末から4世紀初め、行燈山古墳（崇神天皇陵）は4世紀前半、渋

オオヤマト古墳群（白石太一郎『古墳とヤマト政権』をもとに作成）

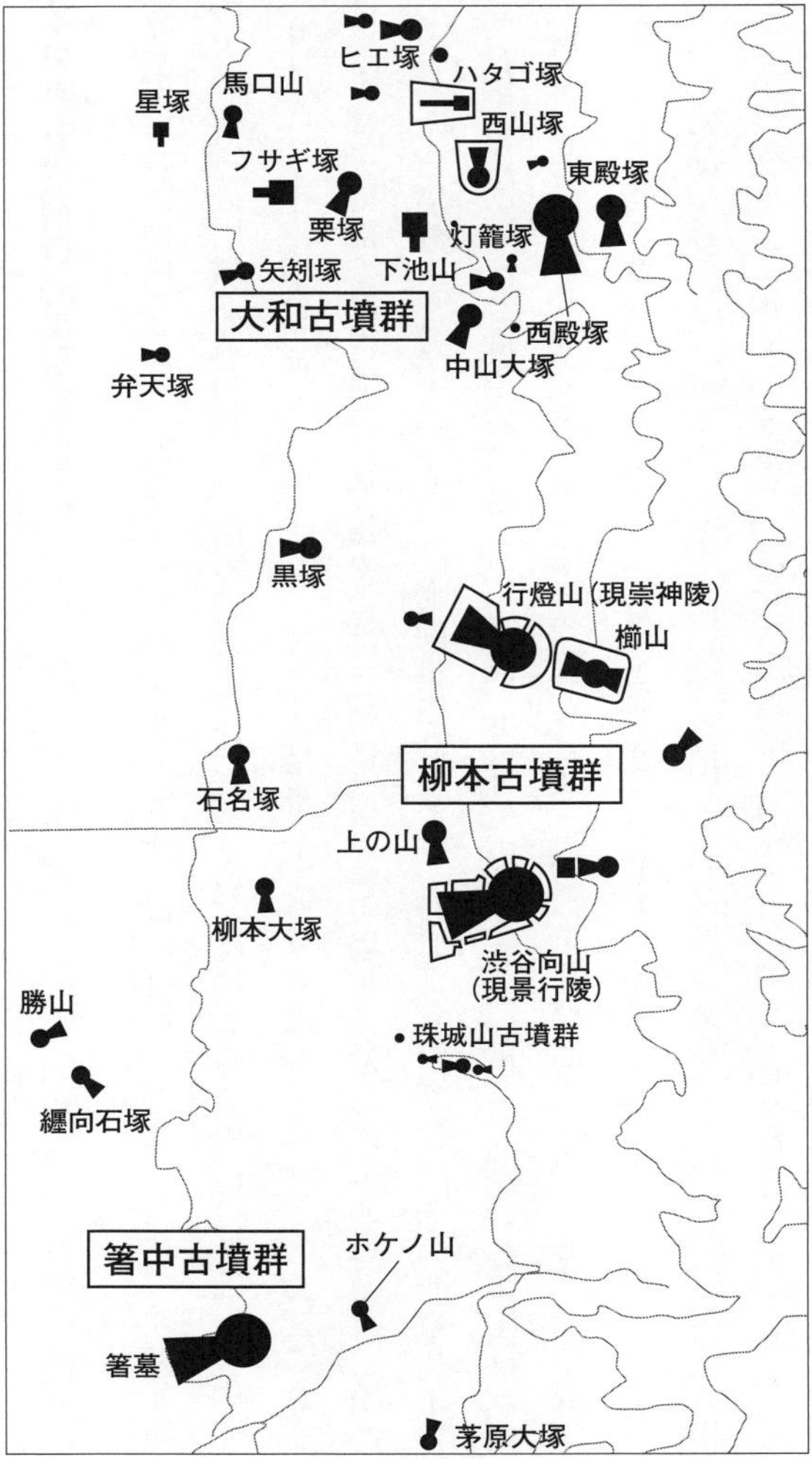

谷向山古墳（景行天皇陵）は４世紀半ば過ぎくらいだろうか。２０１８年十二月、久々に歩いた冬の山の辺の道は、初めて歩いた四十年近く前の印象と変わってはいなかった。静かで古色を残していた。

桜井茶臼山古墳とメスリ山古墳

箸墓より南へ約３キロ、ＪＲ桜井駅より南へしばらく行くと、桜井茶臼山《ちゃうすやま》古墳（全長２００メートル）、メスリ山古墳（全長２５０メートル）という二つの巨大前方後円墳がそびえている。現在の桜井市東南部、かつての磐余《いわれ》の地にあたる。時期は、西殿塚古墳と行燈山古墳（崇神天皇陵）の造られたちょうど間ころ、４世紀初頭くらい。これを大王の墳墓とする見方もあるが、西殿塚古墳や行燈山古墳と比べると若干小さいのも事実である。塚口義信氏などと同様、私もこの二古墳は、オオヤマト古墳群の四古墳よりも一段下がる地位の人の墓だろうと考える。

ＪＲ桜井駅からレンタサイクルを利用し、南へ10分ほど行くと、交通標識などそここに「安倍」と書かれたものを目にする。ここは古代豪族阿倍氏の本拠地にあたる。塚口義信氏は、桜井茶臼山古墳の被葬者を『記・紀』に現われる「オホヒコ」的人物、メスリ山古墳の被葬者をその子の「タケヌナカワ」的人物にあてている。彼らは『記・紀』では阿倍氏同族の共通の祖とされている人物だ。塚口説によるならば、このころから豪族たちの墓も巨大前方後円墳として造られるようになったということになるであろう。

桜井茶臼山古墳に隣接して城島《しきしま》遺跡、メスリ山古墳に隣接して谷遺跡という集落遺跡がある。これらがそれぞれの被葬者と彼らを支える人々の住む集落だったと、坂靖氏は考えている。坂氏も述べているように、この磐余地域は東へ行くと伊勢、尾張といった東海地方へつながる交通の要衝にあたる。この地域に墳墓を築いた勢力は、東海地方へのルートを握っていたと言えるかもしれない。この二古墳の被葬者は、大王ではないまでも、大和盆地東南部の政権において、王に準ずる実力者であった。それも、かなり王に拮抗した力の持主だったようだ。

西殿塚古墳

西殿塚古墳と壱与

箸墓古墳に戻ろう。これを卑弥呼の墓という人は多い。私もその可能性が極めて高いと考えるが、卑弥呼の宗女（同族の娘）で十四歳にして後継の王に立てられた壱与《いよ》の墓として、このところ取り上げられることの多いのが、西殿塚古墳だ。オオヤマト古墳群の最北、大和古墳群に位置する巨大前方後円墳である。

現在、継体天皇の皇后「手白髪皇女《たしらか》」の陵墓に治定《じじょう》されているため、立ち入りが許されていない。山の辺の道の西に広がる柿畑の中にあるが、箸墓古墳、行燈山古墳、渋谷向山古墳と異なり周濠がないのが特徴だ。白石太一郎氏によると、この古墳には前方部と後円部の二カ所にほぼ同型同大の方形壇があり、それが埋葬施設らしいと言う。氏は、ここに男女二人が埋葬されているのではと推定している。一人が壱与だとすると、もう一人は誰であろうか。

2018年師走の薄暮の中、ひと気の全くない墳丘の周囲を靴底を汚し、苦労しながらひと回りした。3世紀末ころの築造といわれるが、少し離れたところから見ると、この古墳の巨大さも格別である。

石上神宮と布留遺跡

西殿塚古墳は山の辺の道でも北に位置するが、そこは既に現在の天理市である。その北は、別の領域に入るのであろう。西乗鞍《のりくら》古墳、東乗鞍古墳、石上大塚《いそのかみおおつか》古墳、ウワナリ塚古墳、別所大塚古墳など、5世紀後半ころから6世紀代の古墳が点在する。天理市は現在では天理教のお膝元として有名だが、駅前から続く長いアーケードの奥にある総本部から、さらに東の山麓へ行ったところに、『記・紀』に伝承の記されている石上《いそのかみ》神宮が鎮座する。

盆地東部の古墳と遺跡分布図（『近つ飛鳥博物館 大王と豪族』より作成）

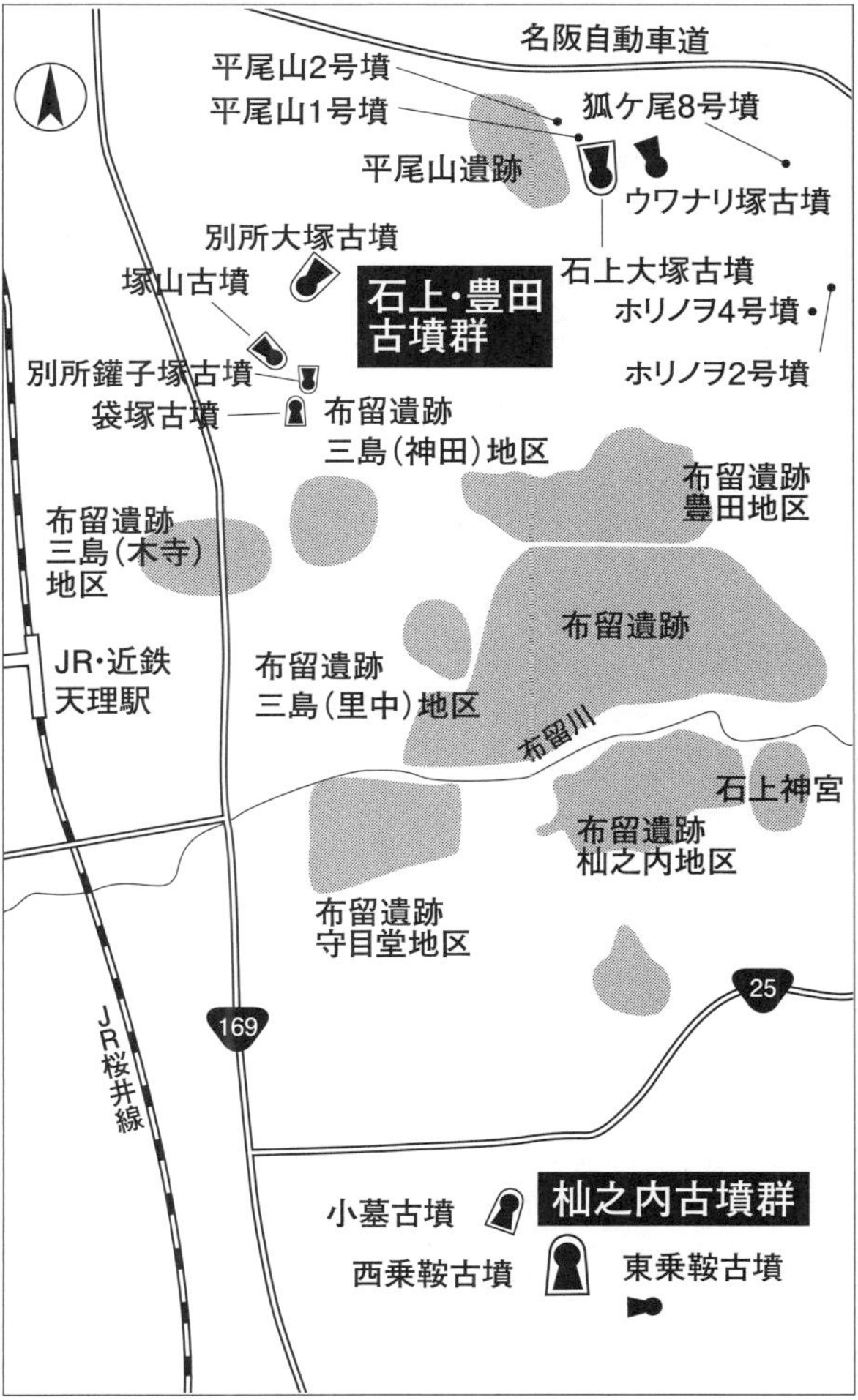

今も訪れる人の多い大社だ。百済《くだら》の王から贈られたという銘文を持つ七枝刀《しちしとう》を所蔵し、物部氏とゆかりの深いことで知られている。

そしてその周辺一帯には、巨大集落の跡が見つかっている。布留《ふる》川上流域の布留遺跡と、下流域の平等坊・岩室遺跡である。後者は弥生時代に既に環濠《かんごう》集落として発展し、古墳時代前期まで継続して、その中に首長居館が形成された。古墳時代後期には、布留遺跡が平等坊・岩室遺跡を上回って、発展拡大した。さらにこの時期になると、布留遺跡の北東部の石上地域に三基の前方後円墳と共に大規模な集落が形成された。

坂靖氏は、「在地首長が(布留川)流域全体を統治しながら、徐々に成長していく姿をここに看取することができる」と言い、「纏向遺跡の衰退を契機に、下流域から上流域に大規模集落が展開し、首長の拠点も上流域へ移動」したと指摘した。

この布留遺跡の中心部にあたる杣之内《そまのうち》地区からは、古墳時代中期の幅15メートル、深さ2メートルの大溝や石垣、倉のような大型の総柱建物跡が見つかっている。『日本書紀』履中天皇四年十月条に

石上溝を掘る

という記事があるが、年代の信憑性は別にして、おそらく同じものであろう。布留川から引かれた運河の可能性が認められる。また布留川の北側にある三島(里中)地区からは大規模な武器生産の工房が発掘された。

物部氏の古墳

この周辺でおそらく最も古い大型の古墳が、全長180メートル、前方後方墳としては列島最大級の西山古墳である。4世紀後半の築造とされる。石上神宮から15分ほど南へ下りたところの天理中学と接する住宅街の中にある古墳だ。ただその後、百年近くこの地域から古墳が途絶える。久しぶりに造られたのが、そこからさらに南へ歩いたところにある全長118メートルの西乗鞍古墳、5世紀後半の古墳である。続いて6世紀初め、全長80メートルの小墓《おばか》古墳、全長75メートルの前方後円墳、東乗鞍古墳がある。この辺りが物部氏の領域の南限のようだ。

物部氏の領域の北限は、布留遺跡より北の石上・豊田古墳群で、全長125メートルの別所大塚古墳、全長107メートルの石上大塚古墳、全長110メートルのウワナリ塚古墳、全長76メートルの岩屋大塚古墳、全長57メートルの別所鑵子塚《かんすづか》古墳などがある。時期は、おおよそ5世紀後半から6世紀後半にかけて。白石太一郎氏は、「石上大塚→ウワナリ塚→別所大塚」の順に考えている。いずれも物部氏の勢力をうかがわせる史料として興味深い。

和邇氏の古墳と遺跡

物部氏の領域の北限に近い別所大塚古墳から北へ、名阪自動車道を越えると、そこはもう別の豪族の領域に入ってくる。現在の奈良市内東北部の和邇《わに》地域である。この周辺には、東大寺山古墳、赤土山古墳、和爾下神社古墳など、古墳時代前期後半に造られた前方後円墳がある。『日本書紀』崇神天皇十年九月条に、

大和国から北陸に派遣された大彦命《おおひこのみこと》が、和珥《わに》坂の上に到る。

という記事がある。今も和邇下神社という神社があり、そこには前方後円墳がある。金象嵌の銘文をもつ刀が副葬されていた東大寺山古墳（全長130メートルの前方後円墳、四世紀中ごろの築造）も有名だ。

天理市にある和爾遺跡群（森本・窪之庄遺跡、和爾遺跡群）は、弥生時代後期から古墳時代に継続して営まれた、周囲3平方キロメートルに及ぶ巨大集落である。和邇氏のものと考えて問題ないだろう。坂靖氏は、「当該地域の在地首長が弥生時代以来の集落基盤を引き継ぎ、まずは小規模な前期古墳を築き、さらに前期後半～中期に至り大きく成長していく過程を如実に捉えることができる」と述べる。

東大寺山古墳で発見された鉄刀には、これが「中平」（西暦184～189年まで中国で使われた元号）年間に鋳造されたものである旨が記されている。2世紀末、ちょうど倭国の大乱のさなか、この中国刀が倭国の王に贈られたのである。この古墳は4世紀中ごろの築造とされているから埋葬されるまで約160年間伝世され、この間、柄頭《つかがしら》の環頭《かんとう》は日本製の銅製のものに付け替えられたらしい。それだけ長く大事に保管されてきたのだった。

佐紀陵山古墳

この刀を中国、漢の皇帝から下賜されたことが、倭国の大乱の終息と卑弥呼の擁立につながったのではないか、との推測もされている。そうなると、和邇氏の前身となるこの一族は、この時代から倭国の中枢にあって卑弥呼を支援する有力な支持母体であったとも考えられるだろう。その伝統は並々ならぬものがあるのではないか。

佐紀古墳群の西群

和邇《わに》氏の勢力圏は、和爾からその北の帯解《おびとけ》、大宅、春日一帯まで伸びている。その西に隣接する現在の近鉄西大寺駅周辺から奈良駅周辺にあたる奈良盆地北部には、知られているように佐紀古墳群がある。4世紀半ばころから巨大前方後円墳を築き続けた一大古墳群である。

近鉄西大寺駅を降りて秋篠川沿いに北へ少し歩くと、まず佐紀高塚古墳（現・称徳天皇陵）が、東を後円部、西を前方部にしてそびえている。その後円部の横の住宅街の間を抜けて北へ行くと、突如、大きな周濠をもつ巨大前方後円墳の前方部が目に入る。佐紀陵山古墳《みささぎやま》である。さらにその隣にはもうひとつこれとほぼ同規模の佐紀石塚山古墳がある。佐紀高塚古墳は、全長127メートル超とやや小さ目だが、佐紀陵山古墳は207メートル、佐紀石塚山古墳は全長218メートル、これだけの巨大古墳が間に人ふたりくらいが歩ける程度の道一本を隔てて、並んでいるのである。佐紀陵山古墳は4世紀中ごろ、佐紀石塚山古墳は同世紀中ごろから後半の築造とされるが、この二つの前方後円墳はなぜこんなに密着して造られたのか、この二つの巨大な杜に挟まれた小暗い道を歩く者は考えずにはいられない。

両古墳からさらに10分ほど北へ歩くと、もうひとつ大きな前方後円墳が待っている。神功《じんぐう》皇后陵に治定されている五社《ごさし》神古墳である。佐紀古墳群でも最大の全長267メートル。

4世紀中ごろから末の大王墓と考えられている。

佐紀古墳群の東群

これら佐紀古墳群でも西群の古墳に対して、のちの平城京域の北東に位置するのが東群の古墳である。佐紀古墳群は西と東に分かれ、まず西群、のちに東群の古墳が造られた。それが、市庭古墳（現・平城天皇陵）、ウワナベ古墳、コナベ古墳、さらにヒシアゲ古墳である。市庭古墳（5世紀前半）は一部破壊されているが、かつて全長250メートルあったと推定され、ウワナベ古墳（5世紀中ごろ）は全長255メートル、コナベ古墳（5世紀前葉）は208メートル、ヒシアゲ古墳（5世紀後半）は219メートルある。いずれも豊かな水をたたえた広い周濠をもつ。また西群から南へ行ったところに全長227メートルの宝来山古墳（現・垂仁天皇陵）がある。近鉄西大寺駅から奈良駅へ至る車窓から見える美しい古墳である。

その近辺に存在する大規模集落遺跡が、菅原東遺跡である。古墳時代前期後半には90

00平方メートルに及ぶ広範囲な集落だったようで、その中心部には居館跡とおぼしき925平方メートルの方形区画が発見されている。坂靖氏は、これを「近在する佐紀古墳群（西群）の大型前方後円墳被葬者の居館であったと考えられる」としている。

オオヤマト古墳群から佐紀古墳群へ

現在、佐紀西群で最も古いとされるのが、佐紀陵山古墳（4世紀半ば）、次いで宝来山古墳（4世紀半ば過ぎ）で、これは柳本古墳群の渋谷向山古墳の時期と重なる。大きさでは渋谷向山がやや上回るけれども、ほとんど拮抗しているのである。この時期（4世紀中ごろ）、「短期間ではあったが、奈良盆地のなかに政治拠点が同時期に2ヵ所以上存在した」ことになる。大和盆地のなかに、纏向の王と佐紀の王とが並び立っていた時期があったさまを、我々は想像してみてもいいだろう。つまり、オオヤマト古墳群から佐紀古墳群への推移は決して直線的なものではない。

佐紀古墳群の古墳分布（白石太一郎『古墳とヤマト政権』をもとに作成）

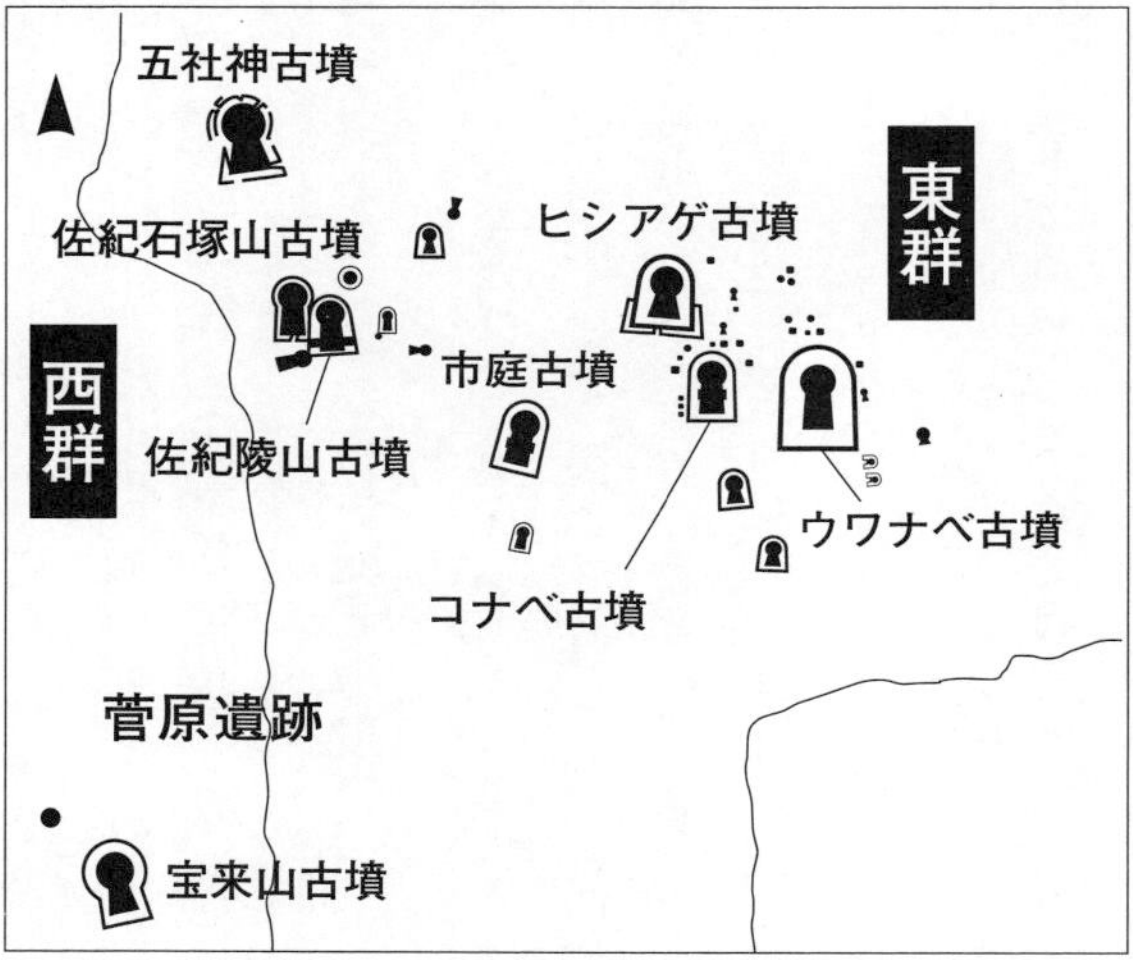

箸墓
↓
西殿塚
↓
行燈山
↓
渋谷向山

〈オオヤマト古墳群〉

佐紀陵山
↓
宝来山
↓
佐紀石塚山
↓
五社神

〈佐紀古墳群〉

と重なっているのである。このことが何を意味しているのか。ひとつ言えるのは、大王墓の移動は、単に墓域が移動しただけで政治的な意義は乏しいとする近藤義郎や吉村武彦らの説は、成立が難しくなったのではないだろうか。少なくと

五社神古墳

も、一時期、オオヤマト古墳群の大王と佐紀古墳の王とがかなり拮抗した状況で並立していたこと、そして当初は二番手であった佐紀古墳群から、のちに大王（五社神古墳の被葬者）を輩出したことも認めていいだろう。二つの勢力が一時期競うようになったが、やがて新興の佐紀の勢力が古いオオヤマトの勢力を追い抜き、大王の座を獲得したという史実が浮かび上がってくる。

ただ一方で、この二つの勢力には共通する性格も多いことを考古学者は指摘している。墳丘の設計、副葬品である鏡や腕輪型石製品、円筒埴輪などのさまざまな特徴は、佐紀の古墳群がオオヤマトの古墳群から引き継いでいるところも多いという。ただそこには新しい面もやはり含まれ、断絶面もある。オオヤマト古墳群の大王たちが重要な威信財として配布したとされる三角縁神獣鏡が、なぜか佐紀古墳群からはほとんど発掘されない、という事実(福永伸哉氏による)も見逃せない。

馬見古墳群

奈良盆地の西北部には、もうひとつこの盆地を代表する大古墳群がある。馬見《うまみ》古墳群である。

近鉄築山駅を降りて民家の中を南へ歩くと、大きな前方後円墳が迫ってくる。現在の大和高田市にある築山《つきやま》古墳だ。全長220メートル、造られたのは4世紀後半、馬見古墳群の南限の古墳である。ここから住宅街を北へ行くと、馬見古墳群で最古(4世紀中ごろ)の古墳である新山《しんやま》古墳がある。これは前方後方墳だが、全長126メートルもある。

馬見古墳群は、現在の奈良県河合町から広陵町、大和高田市にかけて、南北に長い馬見丘陵に分布する古墳群で、北群、中央群、南群の三つに分けられる。

巣山古墳

南群には今述べた築山古墳と新山古墳、その西のやや離れたところに狐井城山《きついしろやま》古墳（全長150メートル、5世紀末から6世紀初頭）があり、中央群には新木山《にきやま》古墳（全長200メートルの前方後円墳、5世紀前半）、巣山古墳（全長220メートルの前方後円墳、4世紀後半）、ナガレ山古墳（全長103メートル）などがある。北群には川合大塚山古墳（全長197メートルの前方後円墳、5世紀前葉から中葉）、川合城山古墳（全長109メートルの前方後円墳、6世紀初めころ）などがある。

造られた順で言うと、最初、4世紀中ごろに南群に前方後方墳の新山古墳が造られ、その後、4世紀の後半ころになって全長204メートルの前方後円墳である巣山古墳が造られて大王に準じる実力を示したのであろう。4世紀末から5世紀前半ころまでに築山古墳や新木山古墳など200メートル級の前方後円墳が造られている。このころが全盛期というべきだろうか。その後の5世紀後半ころからは川合大塚山古墳、狐井城山古墳、川合城山古墳と次第に小型化していく。ただしこのころからは全国的にも古墳の小型化の傾向が進んでいくので、特別視すべきではないかもしれない。

キャスティングボードを握る馬見古墳群

馬見《うまみ》古墳群には大王墓級の大きさの古墳はないのだが、それに準ずる立場を4世紀後半から5世紀中ごろにかけて維持していたようだ。考古学者の田中晋作氏は、オオヤマト古墳群の勢力が当時最も重要な威信財であった三角縁神獣鏡を誰に配ったのかについて、詳しい調査分析を行った。その結果、古墳時代前期後半(4世紀後半)においては新山古墳と佐味田宝塚古墳(全長111メートル)、富雄丸山古墳(奈良市の円墳、直径109メートル)、長法寺南原古墳(京都府長岡京市の前方後方墳、全長62メートル)などに大量に配

葛城北部における馬見古墳群の分布

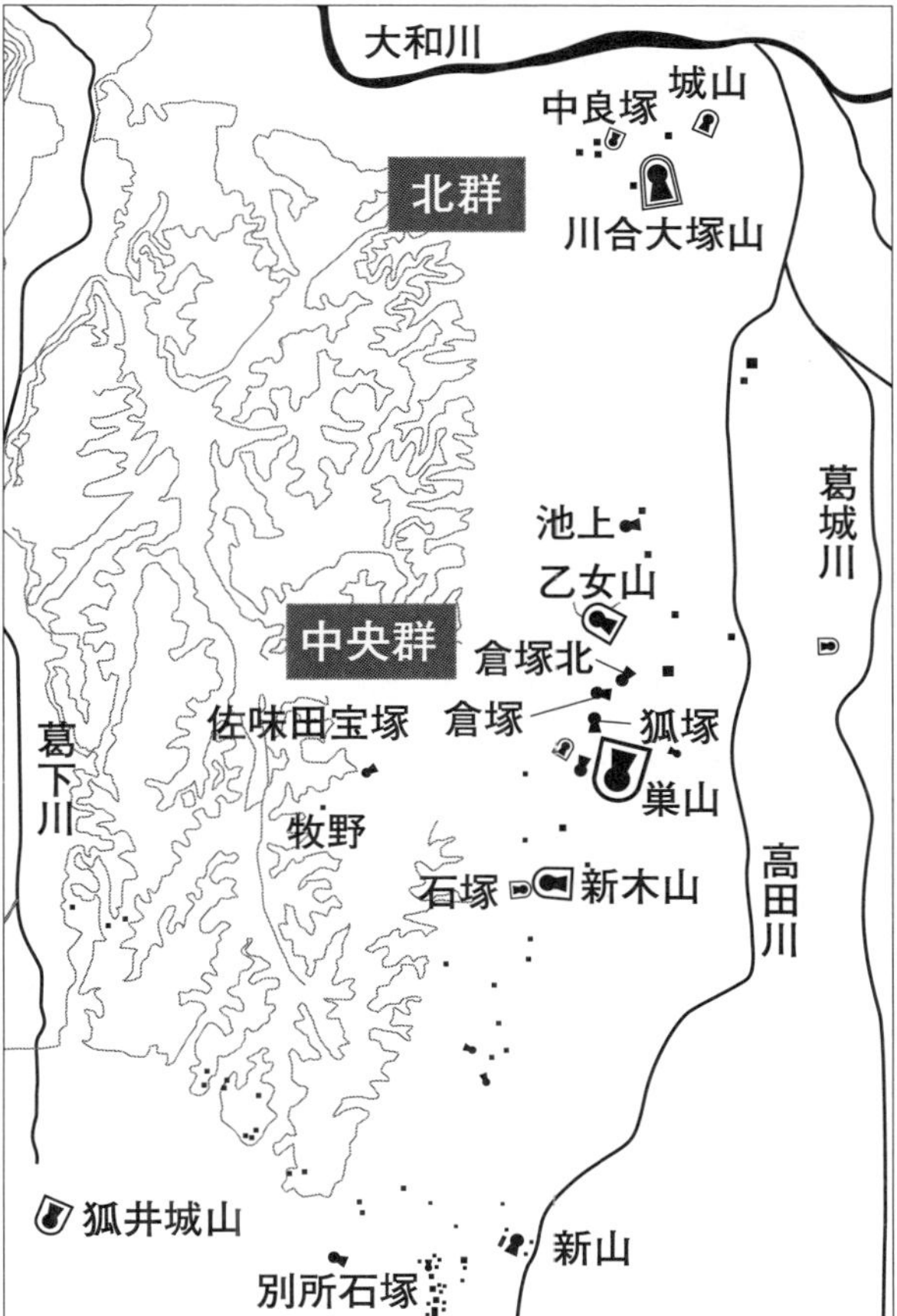

布したこと、とりわけその出土量と構成からは馬見古墳群の二つの古墳（新山古墳と佐味田宝塚古墳）の「重要性が突出」していたことを明らかにした。

つまりオオヤマト古墳群の大王たちにとって、馬見古墳群の首長たちは「畿内政権の主導権を維持していくために極めて重要な存在」だったのである。一方で、田中氏の詳しい分析によると、佐紀古墳群の勢力にとっても馬見古墳群の首長たちとの「連携は主導権掌握に欠かせない要件」であったらしい。

佐紀古墳群の勢力によって創出された新たな祭祀品である農耕具型石製模造品（以下、「石製模造品」と呼ぶ）、筒型銅器、巴型銅器などの新たな威信財が、馬見古墳群でも多く発見されているのである。佐紀陵山古墳で初めて副葬された石製模造品が、佐味田宝塚古墳、新山古墳でも多く見つかっているのだ。両勢力の蜜月は、古墳時代前期後半（4世紀半ば）から中期前半（5世紀前半）まで継続したらしい。

田中氏によれば、4世紀中ごろから後半にオオヤマト古墳群から佐紀古墳群へと政権が交代していく中で、馬見古墳群の首長たちは、その「キャスティングボード」を握っていたのであった。彼らは両方から尊重されながらも、結局は新興の佐紀古墳群の勢力を支持したのだろう。大王にこそなれなかったけれども、その意味ではきわめて重要な存在だった。

オオヤマトから佐紀への移動をどう見るか

先にオオヤマト古墳群の大王と佐紀古墳群の王とがかなり拮抗した状況で並立していたこと、そして当初は二番手であった佐紀古墳群からのちに五社神古墳の被葬者が大王となったことを述べた。ただ一方で、この二つの勢力には副葬品において共通する性格も多いこと、佐紀の古墳群がオオヤマトの古墳群から引き継いでいるところも多いことも述べた。これらから、両勢力の関係について清家章氏は、興味深い説を発表している。

清家氏は、オオヤマト古墳群の主流派から分かれ出た一部の王族が佐紀へ移動したのではないか、と見るのである。のちの言葉で言えば分家のような存在が、新天地を求めて別の地へ進出し、やがて彼らの方が本家を上回る勢力を獲得して王の座についた、そういった状況を想像すればいいだろう。今後議論すべき点はあるだろうが、私は十分可能性のある魅力的な説だと考えている。

佐紀から百舌鳥・古市へ

佐紀古墳群から大王を輩出した時代は長くは続かない。五社神古墳の被葬者が大王だった時代に、現在の大阪府藤井寺市に津堂城山《つどうしろやま》古墳という全長208メートルの巨大前方後円墳が造られる。築造は4世紀末ころであろう。古市古墳群の初代の古墳である。ただしこの古墳は佐紀古墳群の五社神古墳よりやや小さいので、その被葬者は実力者ではあるけれども大王ではなかったと見る考古学者が多い。しかしその次に造られた全長286メートルの仲津山古墳(現・仲津媛皇后陵)、さらに全長420メートルの誉田御廟山《こんだごびょうやま》古墳(現・応神天皇陵)は間違いなく大王の墓である。不確定ながら、仲津山古墳は5世紀初頭ころ、誉田御廟山古墳は5世紀前半くらいの築造であろうか。

ここでも、佐紀古墳群の五社神古墳と、新興の古市古墳群の初代である津堂城山古墳が並立し、やがて次の世代になると、新興勢力が抜き去っていくという現象が見られる。清家章氏はこれも、古市古墳群の王家から、津堂城山古墳の被葬者が分家のように分かれ出て新天地の河内東部に進出したものと推測している。上石津ミサンザイ古墳（現・履中天皇陵）、大山古墳（現・仁徳天皇陵）、土師《はぜ》ニサンザイ古墳などを擁する百舌鳥《もず》古墳群についても、清家氏は佐紀古墳群から分かれ出たものと推測している。

「4世紀末の内乱」説

考古学界からこうした見方が現われる以前に文献史学から、大王家の分裂によってオオヤマト古墳群から佐紀古墳群、さらに百舌鳥・古市古墳群への展開を構想した説が唱えられていた。4世紀末から5世紀始めころ、大和政権に大きな内乱があったとする塚口義信氏の「4世紀末の内乱」説だ。

塚口氏の説の結論を要約すると、4世紀半ば過ぎと、4世紀末と二度にわたり、大和政権に内乱が起きたというのである。一度目は、それまでの三輪山の麓の大和盆地東南部に本拠を置く「三輪政権」から奈良盆地北部の「佐紀政権」への政権交代である。その要因には朝鮮諸国に対する外交政策をめぐる対立があり、その結果百済との同盟をもとに積極的に半島へ乗り出し、鉄素材や大陸系の新しい文物を一元的に獲得しようとした勢力が勝利した。それが佐紀政権であった。

その佐紀政権が4世紀末に内部分裂した。政権内のもともと反主流派だった応神が、政権主流派の後継者を打倒して王位を奪い取ったというのである。その際に応神に味方したのが葛城氏であり、和邇氏であり、吉備氏の前身集団であった。この分裂の主原因は、主流派は半島への出兵に消極的だったのに対し、反主流派は出兵に積極的であったこと。また前者は熊襲《くまそ》(南九州の勢力)征討には積極的だったのに対して、後者は日向の勢力と近しかったという相違もあった。

こうして4世紀末、佐紀政権内部に分裂がおこり、反主流派が主流派を打倒し、その主導勢力は佐紀から河内に移り、きわめて軍事的色彩の強い性格に変貌した。これが応神に始まる河内政権に他ならない。佐紀政権が朝鮮半島へ行くルートが丹後方面からであったのに対し、河内政権は瀬戸内海ルートを重視し、摂津・河内に百舌鳥古墳群を築き、吉備

古市古墳群（白石太一郎『古墳とヤマト政権』をもとに作成）

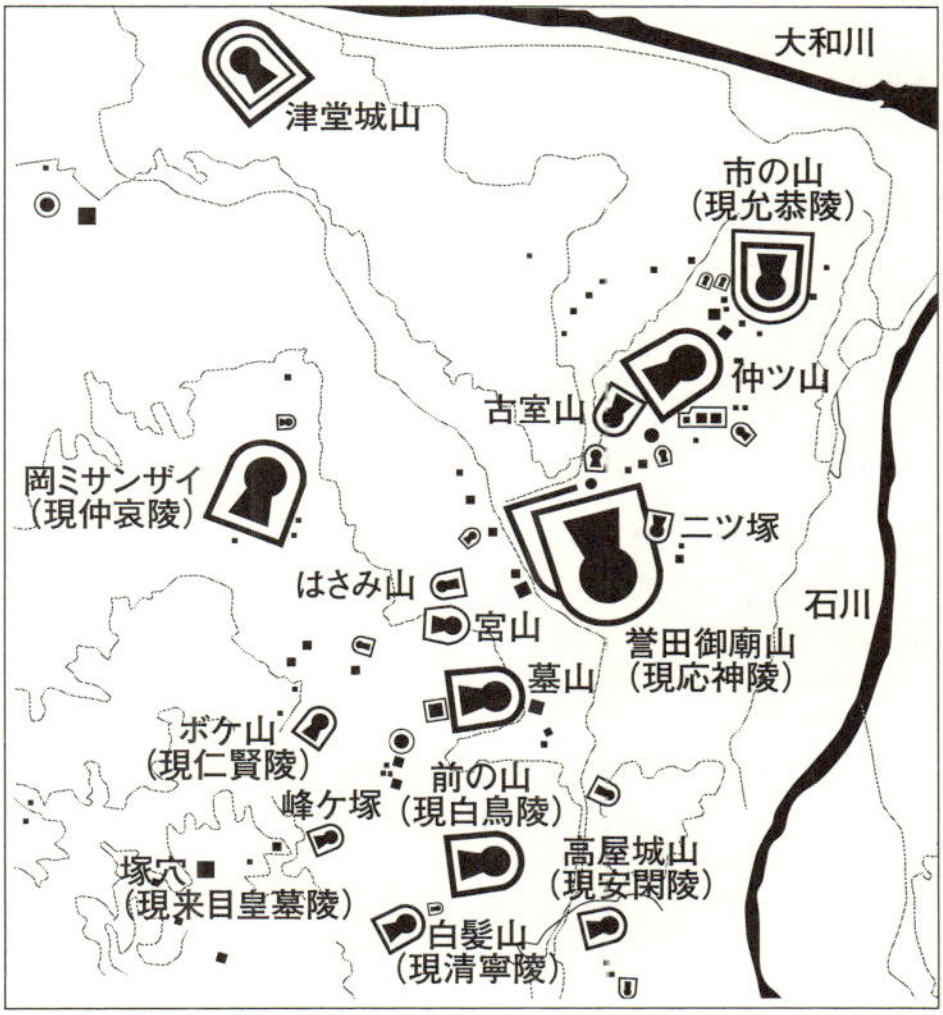

百舌鳥古墳群（白石太一郎『古墳とヤマト政権』をもとに作成）

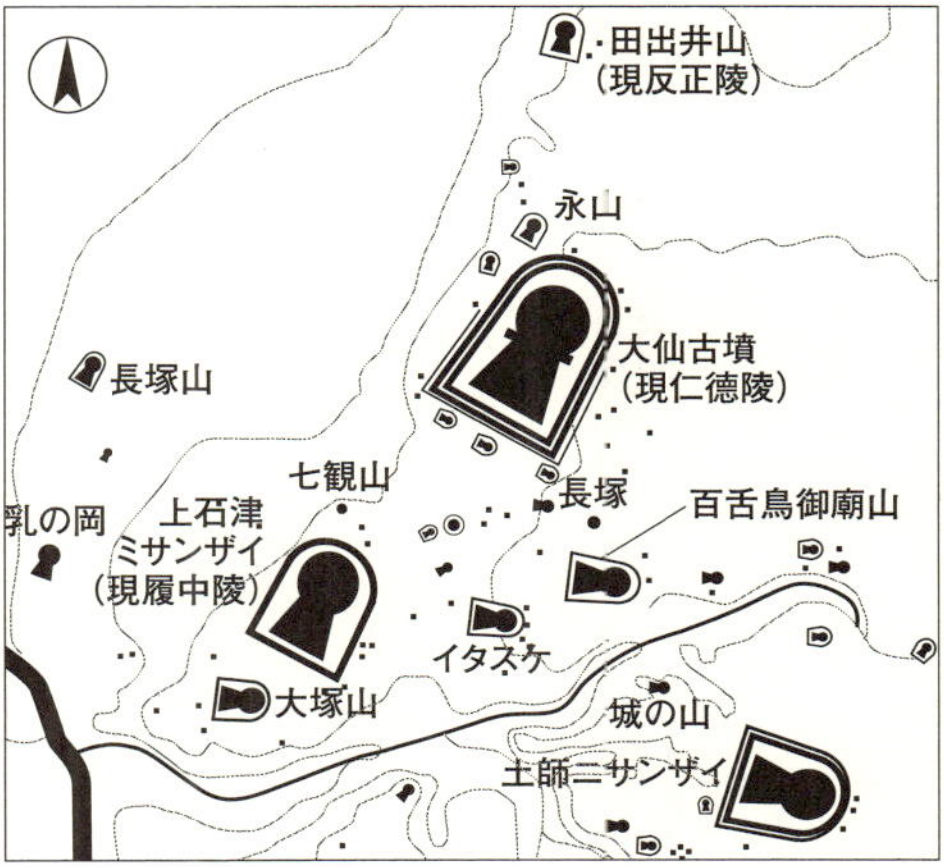

氏を始めとする瀬戸内海沿岸の勢力と深い関わりを築いていった。

右が塚口氏の4世紀末の内乱説の大要である。氏も推測するように、応神に始まるこの新しい政権の成立に大きな役割を果たしたのは、葛城氏であったろう。その貢献とは、具体的には軍事的なものだったのではないか。そしてこの政権の始まりとともに、この豪族は朝鮮半島にも進出し、大きな利権を獲得したのであろう。彼らが朝鮮半島から捕虜を連れ帰り、自らの本拠地に住まわせ、生産に従事させたことが、考古学の成果からも知られている。

馬見古墳群の被葬者については、葛城氏とする説とこれに反対する説とがある。反対する説では、傍流の王家と見るのだが、具体的な被葬者像を示せず漠然としている点は、やや説得力に欠けると言わざるを得ない。

葛城南部の先住豪族は

馬見古墳群の南の大和盆地の西南部、葛城山及び金剛山の麓の葛城地域は、弥生時代以来の集落が継続して営まれたところである。葛城南部にあたる金剛山麓の鴨都波《かもつば》遺跡、その周辺に築かれた鴨都波1号墳がそれである。葛城南部の葛上郡にはそれまでは大型の古墳が造られた痕跡がなかった。直径50メートルの寺口和田古墳(4世紀後半の円墳)や直径約20メートルの鴨都波1号墳(4世紀中葉の方墳)などが知られているくらいである。

葛城地域というと葛城氏がまず頭に浮かぶけれども、ここに住んでいたのはこの氏だけではない。この周辺には鴨都波八重事代主《やえことしろぬし》神社が鎮座し、他にもこの葛上郡には高鴨阿治《たかがもあじ》須岐託彦根《すきたかひこね》神社(高鴨神社)があることから、鴨氏がここに居住していたことが知られている。葛上郡には葛城氏とともに鴨氏も存在したのである。

塚口氏は、5世紀初頭の室宮山古墳以後と以前で古墳の規模などに大きな差があることから、もともとこの地を治めていたのは鴨氏であったが、4世紀末の時期に、葛上郡において寺口和田古墳や鴨都波一号墳を築いた集団から、室宮山古墳を築いた古墳への首長権交代があったのだろうと推定している。つまり葛城氏は元来は葛城北部にいたのが、4世紀末に葛城南部にも進出し、こちらに本拠地を移したのであろうという。これは卓見であると、筆者も考える。

4世紀に葛城地域に定着していたのは、葛城氏ではなく、そのいわば先住民である鴨氏であったのではないだろうか。葛城氏はあとからこの地に入ったのであろう。

葛城南部の古墳と葛城氏

5世紀初めごろになると、葛城の南部地域に大型の前方後円墳が造られるようになる。その最初が室宮山古墳（全長240メートルの前方後円墳、4世紀末~5世紀初頭）で、その後、掖上鑵子塚《わきがみかんすづか》古墳（全長150メートルの前方後円墳、5世紀中葉）、屋敷山古墳（全長145メートルの前方後円墳、5世紀中葉過ぎ）、北花内大塚古墳（全長83メートル、5世紀末ごろ、現・飯豊《いいとよ》皇女陵）が造られる。

馬見古墳群の北群・中央群・南群、それに葛城南部の古墳群の4古墳群はそれぞれ、広く葛城氏のまとまりの中に属しながらも、墓域は別々に保有していたのであろう。これは葛城氏が大きく4つのグループに分かれていたことを示しているだろう。

葛城南部における古墳の分布

文献からは、狐井城山古墳は武烈陵、北花内大塚は飯豊《いいとよ》皇女の墓である可能性が高い。従ってここには葛城氏だけでなく、葛城系の王族の墓も営まれているのである。文献には残されていないけれども、この古墳群の中には他にも葛城系の王族の墓が含まれている可能性が高いのではないか。特に5世紀後半以降、葛城南部からぷっつり大きな古墳が途絶えるのに対し、北群には、6世紀前半にまだ川合城山古墳が造られているのは興味深い。

最初、馬見の南群で大きな古墳を造った彼らが、4世紀末に葛城南部に進出して、もともとこの地にいた鴨氏に代わって室宮山古墳など巨大古墳を営むようになる。5世紀初頭から中ごろに中央群に造られた巣山古墳、新木山古墳、川合大塚山古墳など200メートル級の前方後円墳には、葛城系の王族の墓も含まれているのかもしれない。

掖上鑵子塚古墳を玉田宿禰《たまだのすくね》、築山古墳を蟻臣《ありのおみ》、狐井城山古墳を武烈天皇の墓とみなす説や、屋敷山古墳を雄略に滅ぼされた円大臣の墓とする説も有力である。私は、葦田宿禰を地理的条件と年代からすると新木山古墳、その子の蟻臣は川合大塚古墳、その子の名前の伝わらない首長の墓を、たとえば川合城山古墳にあてるのも一案だろうと考える。

第三章　雄略から欽明の時代
〜中央豪族合議制の成立〜

大王と豪族の興亡

第一章で、私は関晃の畿内政権論と、これを否定する説とを取りあげた。前者は日本古代の王権は畿内豪族による合議制的な性格が本質であったとし、後者は大王（天皇）による専制的な性格が本質であるとした。両者に激しい論争が展開したが、しかし共通するところもある。それは、どちらにせよ大化前代に備わった本質が、その後、律令制の時代になっても変わらず一貫していたとする点である。この点、筆者などは一抹の疑問を抱く。本当に王権の本質はずっと変わらなかったのだろうか。

以下、『古事記』『日本書紀』の伝承を読みながら、古代の大王と豪族の興亡を詳しく読み取っていきたい。『記・紀』の記載の史実性が一段高まるのは応神・仁徳朝ころ以降であろう。もちろんまだ素朴な物語的な伝承も多いけれども、大王の名前や宮の所在、后妃や皇子女などの存在は前よりも確かな信憑性《しんぴょうせい》を感じさせる。

葛城襲津彦という人物

それまでの伝承に見える豪族と言うと、武内宿禰《たけしうちすくね》や大彦命《おおひこのみこと》のような伝説的な人物だったのが、そのあとには実在感のある人物が現われてくる。その一人目といえるのが、葛城襲津彦《かつらぎのそつひこ》だ。かつて井上光貞は、彼を『記・紀』に見える人物中、「皇室を除いてその実在性のたしかな人のはじめ」であると述べた。近年はこれに疑問を呈し、「襲津彦」もまた「伝承上の祖」であり、「特定の一人の人物の事績をまとめ上げられたもの」と見る論者が増えてきている。

そもそも井上が『帝紀からみた葛城氏』という論文で、「葛城氏こそ、史上に実在のたしかめられる最初の氏族に他ならない」とし、「ソツヒコ（襲津彦）」の実在を認めたのは、以下の主な二つの史料からだった。

ひとつは、『記・紀』の記す天皇（大王）系譜が、応神、仁徳朝ころから信憑性を増してくるように思われること。それはこれを系図にしてみると、神武から崇神、垂仁、景行、成務、仲哀、応神までは(景行の皇子ヤマトタケルノ命を父に持つ仲哀は例外として)、皆一代前の天皇の子どもであり、つまりずっと皇位が父子継承されてきたのが、仁徳の次からはにわかに兄弟継承が増えてくることである(76ページ参照)。平均寿命も長くはなかったに違いないこの当時に、父子間の継承が何代にもわたって安定的に続いたとはとうてい考えられないことだろう。それでいくと、兄弟継承が増えていく仁徳以降の5世紀代ころからの天皇系譜は史実性が高まっていくと推定できる。

しかも、5世紀代の天皇については、幸いなことに対応する外国史料とつき合わせることができる。『宋書』倭国伝の倭の五王の記載である。最初、彼らが南朝の宋に使者を派遣したのは421年。倭王の名は「讃《さん》」であった。次いで「讃死して弟珍立つ。」とあって「珍《ちん》」が即位した。「珍」と次の「済」の続柄は記されていないが、「済」の「世子」(跡継ぎ)が「興《こう》」。「興」の弟が「武《ぶ》」であった。「讃」の遺使した年代は421年・425年・430年で、「珍」の遺使は438年、「済」の遺使は443年・451年、「興」は460年・462年、「武」は477年・478年であった。

これを『記・紀』の天皇に当てはめると、最後の「武」が「ヲハツセノワカタケル」という名で『記・紀』に記される雄略天皇、「武」の兄の「興」は安康天皇、その父の「済」は安康・雄略の父である允恭天皇。その前の「珍」は反正天皇。その兄の「讃」は反正の兄の履中かその父の仁徳のいずれか。井上はこのように推定し、中国史書に現われる五代の倭王と『記・紀』の諸天皇の記載がほぼ合致しているとした。そこでこれら『記・紀』に記される五人の大王については、「その実在が外的証拠によって確かめられ」たとしたのであった。

帝紀から見た葛城氏

井上はそこからこう言う。「これを要するに、宋書の倭五王と記紀の歴代との対応関係は、普通一般に行われているように、天皇の実在を確かめるためにのみ役立つのではない」、それは記紀の帝紀的部分の記載、とりわけ天皇の続柄、名前、后妃や皇子女の名前などに関して「ある程度たしかな事実にもとづいていたことを示しているのである」。この帝紀に5世紀代の大王の后妃の出身氏族として現われるのが、葛城氏なのである。

『記・紀』の大王と『宋書』倭国伝の倭の五王

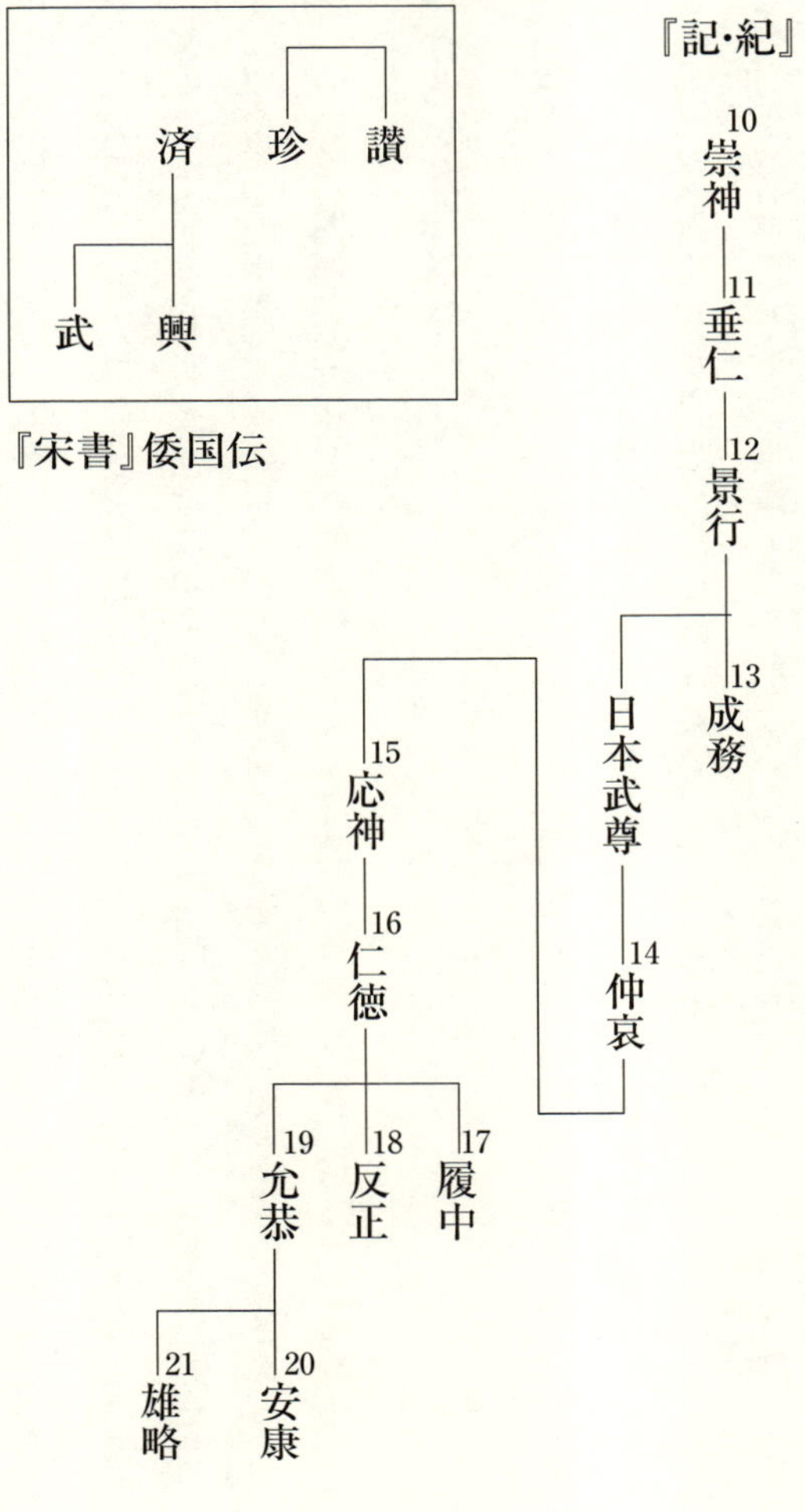

仁徳天皇の皇后で履中、反正、允恭の三天皇の母である「磐之媛《いわのひめ》」は「ソツヒコ」(「襲津彦」)の娘である。また履中天皇の后妃「黒媛《くろひめ》」の父は「ソツヒコ」の子の「葦田宿禰」(『古事記』履中天皇条にソツヒコの子とある)。さらに仁賢天皇・顕宗天皇の母「荑媛《はえひめ》」は、「葦田宿禰」の子の「蟻臣《ありのおみ》」の娘であった。これらは帝紀に基づく記事と見られ、信憑性が高い。

5世紀代、葛城氏は大王家にとって最も重要な姻族であった。井上は、「葛城氏の、天皇家外戚としてのこのような繁栄は、進んではまたその政治的勢力の巨大さを物語っているであろう」とする。こうした論証に対して近年否定的な見方も多いが、十分な根拠が乏しく、私は井上の見方は基本的に妥当であると考えている。

百済記に見える「ソツヒコ」

ソツヒコについては、『日本書紀』の引用する「百済記」にもたびたび現われる。「百済記」とは、今は存在しない歴史書である。同種の書物に「百済本記」・「百済新撰」があり、いずれも、日本と百済の関係や朝鮮半島での出来事を記している。書物そのものは滅び、今は『日本書紀』に引用された個所しか読むことはできない。『日本書紀』に引用されているのは、「百済記」は「神功皇后」から「応神紀」、「雄略紀」の五個所、「百済新撰」は「雄略紀」から「武烈紀」の三個所、「百済本記」は「継体紀」から「欽明紀」の十八カ所。いずれも断片的なものではあるが、『日本書紀』の外交関係記事はずいぶんこれらに頼っている。

いつごろ書かれたのかは、いくつかの説があり、古く見るもので推古朝ころ、新しく見るものでは『日本書紀』編纂《へんさん》にあたってその資料とする目的でまとめられたとしている。編纂したのは百済から倭国に定着した渡来人であろうとする点では諸家一致している。そこに「沙至比跪《さちひこ》」という人物の名前が見えるのだ。天皇の命を受けて、新羅を討つために派遣されたが、その命を果たさず帰国し、天皇の怒りを買って滅ぼされたという伝承が残されている。

この「沙至比跪」について伝える「百済記」の所伝と、『記・紀』の帝紀にもとづく部分と、この二つは、それぞれ別系統の史料に他ならない。一方は外国、他方は国内で伝えられた伝承だ。それがこうして名前はもとより年代も事績もよく似た所伝を残しているのである。

5世紀ごろの大王と葛城氏

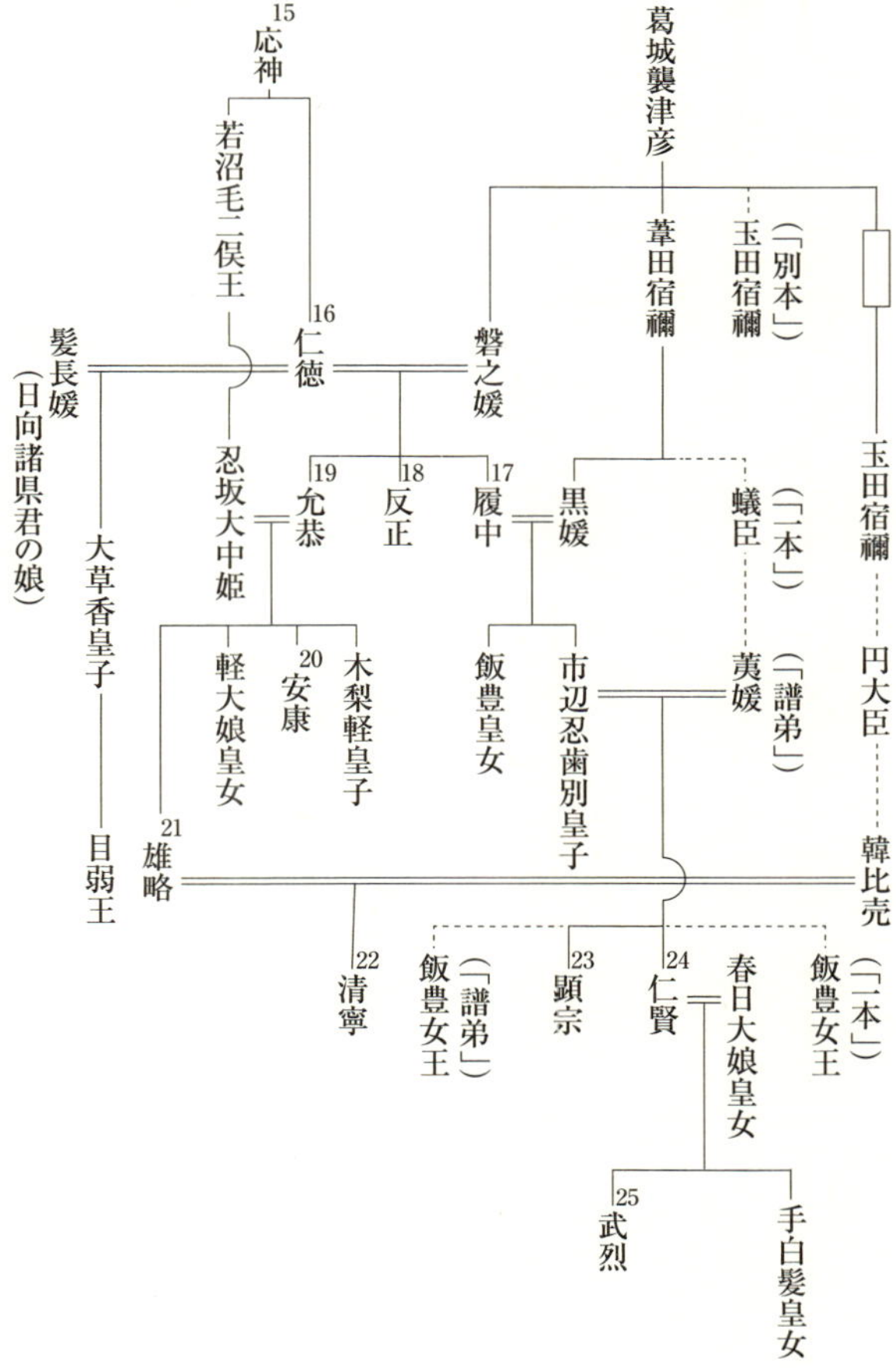

このことから「沙至比跪」と「葛城襲津彦」とが実在の同一人物と見て差し支えないことを、井上は推定したのであった。

日向の諸県君

葛城氏の勢威が帝紀から確認できるのであれば、もうひとつ忘れてはいけない勢力が仁徳天皇の姻族として見いだされる。日向の諸県君《もろがたのきみ》である。

『古事記』応神天皇段には「日向之諸県君牛諸《うしもろ》の女《むすめ》、髪長比売《かみながひめ》」が仁徳に嫁ぎ、「波多毘能《はたびの》大郎子《おおいらつこ》、又の名大日下王」(『古事記』による。『日本書紀』は「大草香《おおくさか》皇子」と表記)らを産んでいる。井上は「倭の五王当時の外戚として重きをなしたのは、葛城氏と日向諸県君とであって、ともに史実と見るべき可能性が大である」と述べる。応神朝から仁徳朝というと、4世紀末から5世紀前半ころ、当時大和から遠く離れた九州日向に、大王家の外戚として

それほどの勢力を保持した豪族が本当に存在したのだろうか。

そう疑問に思われる読者も多いことだろう。しかし近年の考古学の成果を併せ考えるな

らば、これは十分あり得ることである。彼らの本拠地は日向国諸県郡、現在の宮崎県東諸県郡・西諸県郡・北諸県郡・小林市などとされる。そもそも日向国は古墳時代を通じて九州でも抜きん出た大型古墳の造られた地域であった。

柳沢一男氏によれば、日向の首長墓は4世紀末から5世紀初頭前後の時期に、大淀川流域に営まれた生目《いきめ》古墳群から一ツ瀬川流域に営まれた西都原《さいとばる》古墳群へ移動した。5世紀代を代表する西都原古墳群の盟主墳は、5世紀前半に築造された女狭穂塚《めさほづか》古墳と男狭穂塚《おさほづか》古墳で、前者は墳丘長176・3メートルの九州最大の前方後円墳、後者は墳丘長154・6メートルの日本最大の帆立貝形古墳である。また前者はその設計上の規格が、上石津ミサンザイ古墳(履中陵)および仲津山古墳と、後者は古市古墳群の誉田御廟山古墳(応神陵)とそれぞれ深い関わりを有していることが指摘されている。

河内大王家と日向君

『記・紀』はこの豪族と大和政権の関わりの始まりについても語っている。『日本書紀』景行天皇十八年三月条に九州親征の途次、「夷守《ひなもり》」・「石瀬河《いはせのかは》」(いずれも宮崎県小林市)を訪れた天皇を「諸県君泉媛」が迎え、「大御食《おおみけ》」(飲食物)を献上したという。『古事記』では、応神天皇の后妃のひとりに「日向之泉長比売《いずみながひめ》」が見え、「大羽江《はえ》王」、「小羽江王」らを産んだとある(『日本書紀』も同様)。

『日本書紀』応神天皇十三年条には、美人として名高い「諸県君牛諸井」の娘「髪長媛」を娶《めと》ろうとして天皇が上京させたが、媛が摂津国に着いたところを見た皇子の大鷦鷯命《おおさざきのみこと》(のちの仁徳)が見そめ、それを知った天皇が皇子と結婚させたといった伝承が記されている(『古事記』もほぼ同様の伝承を載せる)。仁徳とこの「髪長媛」の間の子が、「波多毘能大郎子《はたびのおおいらつこ》」亦の名「大日下王《おおくさか》」(大草香皇子《おおくさかのみこ》)」である。

しかしこの大草香皇子は、のちに安康天皇によって滅ぼされてしまう。この大日下王の地域基盤が河内国の日下であった。

応神・仁徳と二代にわたり姻戚関係を結んだことからも知られるように、5世紀初めごろ日向の勢力は、安定して強大な勢力を誇っていたようだ。塚口義信氏が指摘しているように、天孫降臨神話が日向を舞台とし、神武天皇がここから東征を出発するのもそのことと関わりがあろう。

葛城氏と日向君

現在では見過ごされているけれども、井上光貞が葛城氏と日向勢力との関係について面白い考察をしている。「襲津彦」とは「襲《そ》の男」の意味ではなかろうか、というのだ。「文字通り解すれば、葛城ソツヒコは、熊襲の出身者で葛城に土着した者か、大和の葛城の出身で熊襲の征定にも武勲を輝かしたものかであろう」と推測している。にわかには信じがたいかもしれないが、あらためて検討の余地はあるように思う。

近年、葛城氏について精力的に考察を進めている研究者に平林章仁氏がいる。平林氏は、葛城氏が勢威を得た背景に、彼らが独自に内外の交渉・交通網を保持し、これをもとに、朝鮮半島に赴いて対外交渉を担っていたことが大きいとする。具体的には近江の息長《おきなが》氏を通じて、淀川・木津川水系の水運網を掌握し、京都盆地、琵琶湖への交通路を確保し、さらに和邇氏との関係により奈良盆地東山麓を把握したこと、また紀氏《きし》と結ぶことで紀伊半島の吉野川・紀ノ川流域の交通路、吉備氏との連携により瀬戸内海沿岸の海運網、また九州日向の勢力との提携により南九州に至る海運網を掌握したことを挙げる。

南郷遺跡群と葛城氏

近年の発掘調査の進展により、葛城南部にある奈良県御所《ごせ》市の南郷遺跡群は、葛城氏の営んだ一大遺跡群であることが明らかになりつつある。それは、巨大な掘立柱建物や楼閣状の高層高床建物がそびえる首長の居館跡（極楽寺ヒビキ遺跡、南郷安田遺跡）、聖なる水を汲み上げる祭祀のための宗教施設（南郷大東遺跡）、武器・鉄・金銀銅器・ガラスなどを生産した生産工房（南郷角田遺跡）、鉄製品や木炭、塩などを貯蔵した倉庫群（井戸大戸田台遺跡）などによって構成されていた。そこには卓越した技術を備えた渡来人集団が居住していたことが、韓式土器などの存在から知られている。5世紀前半以降、この遺跡は急激に規模が拡大したが、5世紀末に衰退する。

大和の豪族の分布

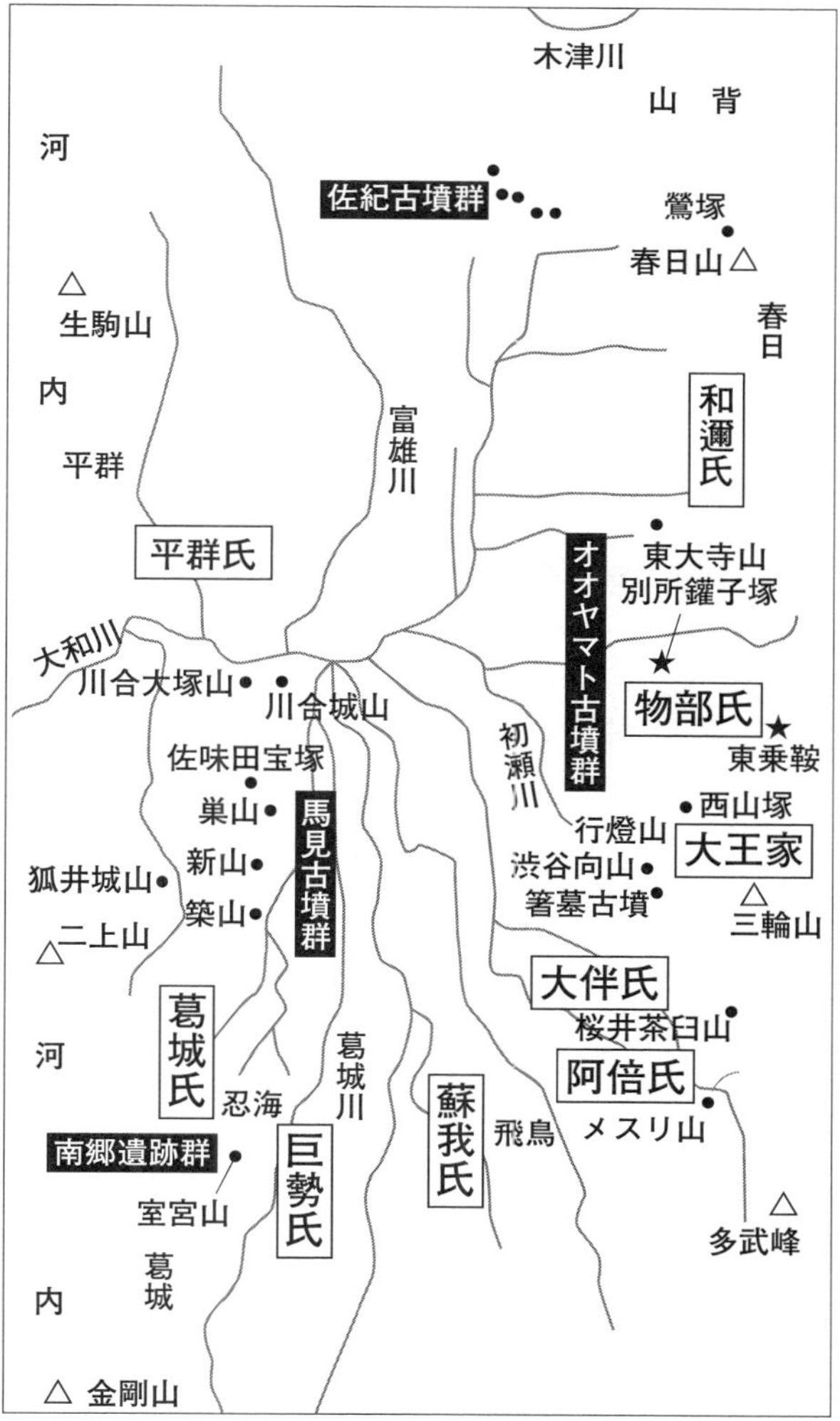
木津川
山背
河内
佐紀古墳群
鶯塚
春日山
生駒山
春日
富雄川
和邇氏
平群
平群氏
オオヤマト古墳群
東大寺山
別所鑵子塚
大和川
川合大塚山
川合城山
物部氏
東乗鞍
初瀬川
佐味田宝塚
巣山
馬見古墳群
西山塚
行燈山
大王家
新山
渋谷向山
狐井城山
箸墓古墳
築山
三輪山
二上山
大伴氏
葛城氏
桜井茶臼山
河
葛城川
阿倍氏
忍海
蘇我氏
飛鳥
メスリ山
南郷遺跡群
巨勢氏
室宮山
多武峰
葛城
内
金剛山

文献からも、葛城に多くの渡来人が居住していたことがうかがえる。その多くは、半島に渡った「襲津彦」が連れ帰った人々だったようである。『日本書紀』神功皇后摂政五年に、新羅王の要請で、人質として倭国に滞在していた新羅の王族を一時的に本国へ送還することになり、襲津彦がその送致を任された。しかし人質は途中の対馬で襲津彦の目をくらませ、逃亡したという。新羅王に騙されたことを知った襲津彦は激怒し、新羅の使者を殺害、新羅の城を攻略して、そこで得た俘虜を倭国へ連れ帰ったとある。『日本書紀』はこのときの「俘人《とりこ》等は、今の桑原・佐糜《さび》・高宮・忍海《おしみ》、凡て四の邑の漢人《あやひと》らの始祖なり」とある。いずれも葛城の地名である。

「桑原」は、大和国葛上郡桑原(現御所市大字池之内、朝町小字桑原)、「佐糜」は御所市葛城佐味、「高宮」は御所市大字西佐味高宮廃寺付近、「忍海」は葛城市新庄町と見られる。いずれも葛城氏の勢力圏であり、これらの渡来人たちが、葛城氏のもとに置かれていたことがわかる。

葛城氏と大王家の確執

嫉妬深いことで有名な仁徳天皇の皇后「磐之媛」は、「襲津彦」の娘であった。よく言われるように、彼女の尊大とも見える嫉妬深さと夫仁徳がこれに翻弄されるさまは、この夫婦の性格のみによるのではなく、彼女の実家の勢威によるところが大なのであろう。「磐之媛」の存在感は、彼女の産んだ履中・反正・允恭が次々と大王となったことでもうかがえる。神武以来歴代で初めての兄弟継承、しかも三兄弟である。ここらあたりから、『記・紀』の系譜にも信憑性が一段高まっていくように見えるのは私だけではないと思う。

仁徳の長男の履中天皇も葛城氏の女性を娶っている。彼が娶ったのは、襲津彦の息子の「葦田宿禰」の娘「黒媛」であった。この間に、市辺忍歯別《いちのべおしはわけ》皇子などが生まれている。その市辺忍歯別皇子も、葦田宿禰の子の蟻臣《ありのおみ》の子の「荑媛《はえひめ》」を娶り、顕宗天皇・仁賢天皇を産んでいる。三代にわたって葛城氏と姻戚関係を結んでいるのだ。

ただ履中の弟たちは、どういうわけか葛城氏とは姻戚関係を持たない。反正天皇は、和邇氏の女性を二人娶り、生まれたのは女子ばかりであった。允恭天皇は、王族の忍坂大《おしさかのおお》中姫《なかつひめ》を娶った。そしてこの允恭と葛城氏の間で紛争が起きる。大王と最大勢力を誇る豪族との軍事対決である。

ことの顚末は『日本書紀』允恭天皇五年七月条にある。天皇は、先帝反正天皇の「殯《もがり》」の執行を担当する役職（「殯宮大夫」）を玉田宿禰に命じていたが、地震があったため心配してその様子を「尾張連吾襲《あそ》」を派遣して調べに行かせた。しかし、履中の殯の場にいるはずの玉田宿禰はいなかった。その報告を吾襲から聞いた天皇は、今度は玉田宿禰の本拠である葛城へ吾襲を遣わした。すると葛城では、玉田宿禰が「男女を集いて酒宴」していたのだった。来訪の経緯を吾襲から聞いた玉田宿禰は、礼のしるしにと馬一匹を与えて帰らせたが、その帰途、口封じのために「密かに吾襲を遮り、道路で殺」した。しかしこうした振る舞いが露見し、玉田宿禰は「武内宿禰の墓域に逃げ隠れ」た。天皇に呼び出され、伺候したけれども、このとき上着の下に鎧（「甲」）を着込んでいるのを見られてしまい、最後は官軍に兵を囲まれ滅んだ。

このように同母兄弟のはずなのに、なぜか長兄の履中と、弟の允恭とでは対葛城氏の関係に違いがある。要するに履中は親葛城、允恭とその子どもたちは反葛城なのだ。

雄略と円大臣の対決

允恭の子の雄略は、即位時に葛城氏と対決した。この前後の経緯は陰惨そのものである。雄略の兄安康は、日向の諸県君を母方にもつ大草香皇子と対立してこれを滅ぼし、その妻「中蒂姫《なかしのひめ》」を奪い取り、我が妻とした。しかし事の真相を大草香皇子の遺児眉輪王《まよわおう》に知られる。王はハムレットの如く父の仇安康を殺害したのであった。そして、報復を恐れて当時最大の実力者葛城氏の族長「円大臣《つぶらのおおおみ》」の居宅へ逃げ込んだのだった。兄を殺されたことを知った若き雄略は逆上し、兵を率いて円大臣邸を囲んだ。円大臣はこのとき「女韓媛《むすめからひめ》」と葛城の宅七区《いえななところ》」を奉献して罪を贖おうとしたが許されず、共に火の中に滅んだという。

この「葛城七宅」は、『古事記』には「五処之屯宅《いつところのみやけ》」、「葛城之五村苑人《いつむらのそのひと》」とある。塚口義信氏の推測するように、おそらくこれがのちに推古三十二年十月、蘇我馬子が推古天皇に返還を求め、断られた「葛城県《あがた》」のことなのだろう。「県」とは朝廷の直轄地のこと。「葛城の宅七区」（「五処之屯宅《みやけ》」）は、雄略に没収されてのちに「県」となったに違いない。蘇我馬子は、「葛城県」を「元、臣が本居《うぶすな》なり」と言ってその割譲を天皇に要請した。蘇我氏は、知られているように武内宿禰の後裔を称する氏族であるから、元は葛城氏の傘下にいたのであった。そのゆかりから、馬子は葛城氏の後継者を称したのに違いない。

雄略によって追い詰められた円大臣が、贖罪と服属の誓いとして雄略に献上したのが、「葛城の宅七区」と、娘の韓媛であった。『日本書紀』には「許したまはず、火をつけて宅をやきたまふ」とあるけれども、この葛城氏の領地が大王に献上されたこと、それに韓媛が産んだ清寧がのちに天皇として即位していることからすると、戦闘の終息後、和解が成立したのだろうと私は思う。『記・紀』が「許さず」としたのは、雄略の暴虐を強調する意図からではなかったかと推定する。実際は、葛城氏が完全に滅ぼされたわけではないだろう。

塚口義信氏が推測したように、たしかにこの戦闘で葛城氏は手痛い打撃を受けたに違いないが、その後は衰えながらも隠然たる勢力を残していたと思われる。このとき滅んだのは葛城南部（大和国葛上郡。現在の御所市から葛城市）の「玉田宿禰」の系統の葛城氏で、北部（大和国葛下郡・広瀬郡。現在の奈良県北葛城郡・香芝市）の「葦田宿禰」系の葛城氏はまだ残存していたのであろう。

雄略と葛城一言主大神

葛城南部にしても、雄略は完全に制圧できたわけではなかったらしい。それは、『古事記』に記される雄略と葛城一言主大神《ひとことぬしのおおかみ》とが葛城山で遭遇するエピソードからもうかがえる。天皇が伴の者を連れて葛城の山中を行くと、向かいの尾根を天皇と同じ装束、同じ人数で行く行列が見えた。「この倭国に我以外に王はいないはずなのに、今葛城山を行くのは誰か」と問うと、向こうも同じ声で尋ねる。怒って矢を放つと向こうの兵らも矢を放つ。「名を名乗れ」と言うと、向こうは「葛城の一言主大神」と名乗った。これを聞いた雄略は恐れ畏み、「恐れ多き我が大神、目に見える人の姿で現れたので気づきませんでした」と言って自身の太刀や弓矢、伴の者の衣服を捧げ献じた。大神はこれを受け取り、天皇を長谷の山の入り口まで送った、という。葛城一言大神は、葛城地方を代表する神であった。

この不可思議なエピソードをどのように解釈したらいいのだろうか。塚口義信氏が述べているように、これは雄略が葛城を平定したこと、それでもなお葛城の神を尊重しなければならない状況だったことを示唆しているのだろう。

たしかに葛城氏はこれで滅んだわけではなかったようである。雄略が亡くなったあと、皇后韓媛《からひめ》の産んだ清寧天皇が即位したとある。清寧天皇の母方は葛城氏に他ならない。その後、王位を継承した飯豊皇女も顕宗・仁賢天皇も同じく母方は葛城氏である。当時の族長の名こそ残ってはいないけれども、葦田宿禰の後継者となる族長がいたはずだ。

同じ武内宿禰の後裔を称する同族には、平群氏や巨勢氏、蘇我氏もいる。これらのすべてとは言わないけれども、この中に葛城氏の血を引く傍流の氏族が含まれている可能性は十分あると思われる。

大豪族・吉備氏の威容

雄略朝という時代はかなり軍事的緊張の高まった時代というべきだろう。ワカタケルと呼ばれたこの大王は、葛城氏に次ぐ勢威を備えた最有力の地方豪族とも戦い、破った。吉備氏である。

吉備というと、弥生時代末期から古墳時代初期にかけて、大和に次ぐ勢力を誇った地域として知られる。巨大前方後円墳を生み出したことでも有名だ。全国第4位の大きさの全長360メートルの前方後円墳「造山古墳《ぞうざん》」(岡山県岡山市新庄下)、第10位の大きさの全長286メートルの前方後円墳「作山古墳《さくざん》」(岡山県総社市三須)、次いで全長192メートルの「両宮山古墳《りょうぐうざん》」(岡山県赤磐市穂崎・和田)、いずれも大きさ、墳形、ともに5世紀の大王に引けを取らない前方後円墳である。とりわけ巨大な「造山古墳」は、造られたのは5世紀初めころとされる。中央では応神から仁徳、履中朝ころにあたるだろうか。何と言っても瀬戸内海沿岸の中央に位置するその立地が、大陸との交通を必須の条件とする政権側にとってきわめて重要だったのであろう。

しかし実際、彼らの存在の大きさが文献からうかがえるのは、もう少しあとのことだ。『記・紀』には「吉備上道臣《かみつみち》の女、稚媛《わかひめ》〔一本に云はく、吉備窪臣の女と云ふ〕」が雄略の后妃となり、磐城《いわき》皇子と星川稚宮皇子を産んだとある。吉備氏が天皇と婚姻関係を結んだのはこれが最初で、その後両者の衝突が起きるのも早い。

雄略と吉備氏の対決

『日本書紀』雄略七年の八月条及び是歳条。このとき、吉備から舎人《とねり》として中央へ派遣されていた「吉備弓削部虚空《ゆげべのおおぞら》」が休暇を取って帰省したままなかなか戻らないので、不審に思った天皇が使者を遣わして呼び戻したところ、虚空は吉備氏の首長「吉備下道前津屋《しもつみちのさきつや》〔或本には「国造吉備臣山《おみやま》」という〕」の近況について、このような報告をした。「吉備下道前津屋は、小さな女（幼女）を「天皇の人」、大きい女を「己が人」として闘わせ、もし小さい女が勝つと刀を抜いて殺した。また小さい鶏を天皇の鶏、大きい鶏を己が鶏として闘わせ、やはり天皇の鶏が勝つと刀を抜いて殺しています」。これを聞いた雄略は、「物部の兵士三十人」を遣わして「前津屋幷《あわ》せて族七十人」を誅殺した。

是歳《ことし》条には、以下の伝承がある。「吉備上道臣田狭《たさ》」が我が妻の美しさを自慢するのを傍で聞いていた天皇は、これを略奪しようと考え、「田狭」に海外勤務である「任那《みまな》国司」赴任を命じ、その間に彼の妻を奪ってしまう。海外でこの知らせを聞いた「田狭」は雄略を深く恨み、倭国に叛《そむ》くことを誓い、これを自らの息子にも求めた。息子（「弟君」）は、父の言うとおり謀反を企むが、国家への忠誠心の強い妻はこれを阻もうとして夫を殺害したという。

こうした衝突はあっても、王権にとって吉備氏は容易に決裂することのできない重要なパートナーであった。雄略も生前はそうであった。しかし亡くなる直前の遺言として、自分亡きあと吉備氏とその血を母方にもつ星川皇子に警戒せよ、と伝えた。案の定、雄略没後の混乱に乗じて、后妃吉備稚媛が、息子星川皇子に示唆し、大蔵の官を占拠。クーデターを起こしたが、雄略の遺言を受けた大連大伴室屋と東漢掬直《やまとのあやのつかのあたえ》が兵を率いて大蔵を封鎖して火をつけ、皇子と母の吉備稚媛らを「燔《や》き殺し」たのであった。

　このとき、吉備上道臣は、反乱勃発を知り、「その腹に生まる所の星川皇子を救はむと思ひ」て、四十艘の船を率いて難波に向かったと『日本書紀』は記す。我々は、四十艘の大船団が列を組んで吉備の港を出帆し、瀬戸内海を東に向かう勇壮な姿を思い描いてもいいだろう。しかしこれらの船が難波の港に上陸することはなかった。その途次、星川皇子と母吉備稚媛が焼き殺されたとの報《しら》せを受けて、船列は吉備へ引き返したのだった。その後、次期天皇の使者が吉備に来て、「吉備上道臣ら」を叱責し、吉備氏はその「所領の山部」を差し出し、許された。これで吉備氏の勢威は衰退し、以後王権への反乱伝承などもなくなる。

　こうして雄略は、その在世中に葛城氏、吉備氏と対決し、大きな成果を収めた。政権内最大勢力とこれに次ぐ最大の地方勢力を制したのだった。

大伴氏と物部氏と「大連」

この勝利に貢献したのが、大連の地位にあった二大軍事氏族〜大伴氏と物部氏〜であった。『日本書紀』は雄略朝から、大臣・大連の地位が始まったことを記す。大臣・大連は、大王の下で政務を執る執政官のような実力者の役割、豪族の中でトップの地位である。

その任命を記す最初の記事が、『日本書紀』雄略元年十一月条に即位の記事と共に

平群臣真鳥《へぐりのおみまとり》を以って大臣に為す。大伴連室屋・物部連目を以って大連と為す。

とある。これからすると、このとき大臣・大連の制度がスタートしたようにも見えるだろう。そう見る研究者も多いが、そのすぐあとの『日本書紀』の記事(元年三月是月条)に「元妃葛城円大臣の女を韓媛と曰ふ」とある。雄略に滅ぼされた「円大臣《つぶらのおおおみ》」を「大臣」と呼んでいるのだ。『古事記』を見ると「都夫良意富美《つぶらのおほみ》」とあって、これを「大臣」と読めるかどうかは微妙ではある。しかし、葛城氏の族長であり、雄略の后妃の父でもあったことからすると、やはり「円」が「大臣」と呼ばれ、自らもそう名乗っていた可能性はあると言うべきだ

ろう。

ただその当時の「大臣」が、大和政権の執政官として制度化された地位であったかどうか、あるいは敬称的なものであったり、名誉職的なものであった可能性も考えなければならないのではないだろうか。これに対してやや遅れて現われる「大連」は、大伴連室屋、物部連目がそう呼ばれた最初から、大王の臣僚として、ヤマト王権の執政官としての実質を備えていたように見える。これは、臣と連という姓（カバネ）の元来の違いもあるのだろう。

「大臣」の始まり

昔から言われるように、「臣」というカバネは主として畿内の有力豪族の中でも比較的王権への従属度の低いもの、「連」は一定の職掌を以て王権に仕える臣僚的な豪族に与えられる。もともと王権への従属度に違いがあり、それが「大臣」と「大連」の差異にも現われているのであろう。「大連」という位には最初から大王に仕える執政官としての意味が強かったように思われる。

「大臣」の位について、「雄略紀」には平群臣真鳥、「武烈紀」から「継体紀」には巨勢臣男人《こせのおみおひと》、「宣化紀」には蘇我臣稲目がこの職にあったと記されている。ただ蘇我氏以前に平群氏と巨勢氏が本当に大臣の地位にあったのかどうか、直木孝次郎氏や日野昭氏は疑問としている。大臣に任命された三氏はいずれも武内宿禰の後裔を称する共通点があるが、平群氏と巨勢氏の勢力は、葛城氏、蘇我氏と比べて明らかに一段下がる。彼らが雄略朝から継体・安閑朝ころに本当に大伴氏、物部氏と並ぶ地位を公式に政権内で得ていたかには、私も疑問視せざるを得ない。大臣と名乗っていたとしても、それは敬称的なものだったのではないだろうか。

雄略天皇とその時代

雄略天皇という人について、私はかつてこのように書いた。

抜群の政治的才能や軍事的センスが備わる一方、常人には推し量り難い残忍、冷酷な一面があった。これは古今東西を通じ、ある種の英雄に共通する性格と言えよう。

この考えは今も変わらない。かなり専制的な王であったことは疑いないだろう。しかし一方で、この時代に政権の制度面の拡充が進んだことも間違いない。その一例が、埼玉県稲荷山鉄剣銘文に記された「人」制と呼ばれる制度である。そこにはこの刀を造らせた「乎獲居臣《ヲワケノオミ》」とその祖先が「世々、杖刀人《じょうとうにん》の首《おびと》となり、奉事し来たり今に至る」ことを記している。「杖刀人」とは大王を護る親衛隊のようなもの、その「首」とはその長であろう。

雄略以前の大和政権は、大王が各地の（中央・地方を問わず）有力な首長たちと個別に結んだ同盟関係を基礎にしていた。それは、まだまだ機構（システム）による統治とはいえない原初的なものだった。それを強権的に改め、専制王制を打ち立てようとしたのが雄略だったのだ。

まず彼は競合する恐れのある葛城氏や吉備氏を制圧し、王権のみが突出した専制的な権力を獲得することに成功した。そのうえで彼は、それまでのような個人的な結合による未熟な統治ではなく、機構を整え、制度による統治を確立しようとした。大連の地位を創設したのもそのひとつだろう。この地位についた大伴氏・物部氏は大王を輔弼《ほひつ》し、各地に分布する多くの「伴《トモ》」と呼ばれる職能集団を統率すると共に、いざ戦《いくさ》となれば大王のために戦う巨大な戦闘集団の長として戦ったのである。

転換期を生きた和邇氏

そのような時代の転換期にあって、意外にもこの二氏以外に生き残りに成功し、その勢力を維持し続けた名族があった。第二章でも見た和邇《わに》氏である。『記・紀』を見ると、和邇氏という豪族は、大臣・大連などにこそ就任していないが、多くの天皇に后妃を出してきた。応神・反正・雄略・仁賢・継体・欽明と4世紀末ころから6世紀中ごろまでの六代の天皇に后妃を出しているのは他に例を見ない。

ただし古くに岸俊男氏が指摘したように、和邇氏を母にもつ皇子にはのちに即位した者が少なく、女性が多いことに気づく。この氏の女性たちに大王の妻たるにふさわしいシャーマン的な性格が伝統的に継承され、尊重されていた可能性もある。また大和盆地内の大勢力でありながら、不思議とこの氏には謀反伝承や大王(天皇)らと張り合った伝承はない。

むしろ伝えられているのは、将軍として天皇のために戦う武人的なイメージである。このいささか分裂したイメージがこの豪族にはつきまとう。

またこの豪族は、大和盆地西北部に広大な勢力基盤をもつ古くからの有力豪族でありながら、大臣になったことがない。先に触れたように大臣に就任したのは、武内宿禰の後裔を称する氏族だけである。理由はわからないけれども、和邇氏は大夫《まえつぎみ》になったが、自氏から大臣を出さなかった。政権の中枢には立たなかったのだ。それが逆に言うと、彼らに反乱伝承が皆無であること、また長く命脈を保ち続けることのできた背景にあったのかもしれない。

このことと関係があるかのかどうかは不明だが、和邇氏にはもうひとつ特徴がある。他の有力豪族と比べてもかなり早い時期から氏の分岐が始まっていることだ。『古事記』孝昭天皇段には、「天足彦国押人命《あめのたらしひこくにおしひとのみこと》」の後裔氏族として、「春日臣・大宅臣・粟田臣・小野臣・柿本臣・壱比韋臣・大坂臣・阿那臣・多紀臣・羽栗臣・知多臣・牟邪臣・都怒山臣・伊勢飯高君・壱師君・近淡海国造」の十六氏が挙げられている。しかしこの中に和邇氏の名はない。すでに『古事記』の骨格が成立した天武朝ころには没落していたのであろう。欽明朝ころからこの氏の分岐が進行していたようで、以後は春日氏、さらには小野氏が盟主的存在となっていく。

雄略天皇没後の動揺

雄略天皇という狂気をもはらんだ一代の専制君主が亡くなったあと、大和政権の大王は短命が続く。その子、清寧天皇は、『日本書紀』によると即位五年で崩じ、そのあとかつて雄略によって殺された市辺忍歯別《いちのべおしはわけ》皇子の遺児オケ王(仁賢天皇)・ヲケ王(顕宗天皇)が播磨に落ち延びていたのを発見され、相次いで即位したとされる。ただこれも前者は即位三年、後者は十一年で亡くなったという。この仁賢の子が武烈天皇で、この天皇が『日本書紀』では暴虐の限りを尽したとされる。またこの間に、飯豊《いいとよ》皇女という市辺忍歯皇子の妹(あるいは娘)が、顕宗・仁賢が播磨で発見されるまでの間、一時王位を中継ぎしていたとの記述もある。そして最後に武烈天皇が亡くなると、ついに王位を継承すべき男子がいなくなってしまったというのだ。

どうしてこういう事態に陥ったのか。『記・紀』を読むと、このころの大王たちはどういうわけか、子どものない人やあっても女子ばかりといった人の多いのに気づく。雄略は清寧以外には吉備氏所生の磐城皇子、星川皇子がいたが、この二人は先に見たように父の死んだあと、反乱を起こし、滅んだ。清寧は若くして亡くなったようで、后妃の記事すらない。顕宗天皇は『日本書紀』に允恭天皇の孫娘の難波小野王《おののみこ》という女性を后妃にしたというが、子どもはなかった。仁賢は子どもが七人いたが、『日本書紀』ではこのうち武烈天皇以外はすべて皇女ばかりだった。その結果、男王が極端に欠乏する状況となったという。現代と違って后妃が複数いた時代ゆえ、このようなことは本当だろうか、という気もするが、男王が欠乏したもうひとつの理由には、この前後の激しい王位継承者争いで、多くの王族が殺されたこともあった。とりわけ雄略は即位時に兄二人、いとこ三人を殺している。こうした経緯もあって、5世紀末から6世紀初めには女性の王族はいても、男性の王族が極端に少ない状態だったという。

『古事記』は武烈が亡くなった時点で、「日嗣《ひつぎ》知らすべき王なかりき（皇位を継ぐべき王がいなくなってしまった）」と書いているが、その意味はすべての王族男子が皆無になってしまったということではなく、王位継承資格をもつ皇子、すなわち一世王（父を大王にもつ男子）が皆無になったということなのだろう。

継体天皇の出現

そこで擁立されたのが、近江の湖北あるいは越前の出身とされる継体天皇（ヲホド王）であった。

継体の出自やその即位に至る過程については、拙著『謎の大王 継体天皇』、『継体天皇と朝鮮半島の謎』で詳しく述べた。継体は応神天皇五世孫という遠い傍系の王族であるとされている。即位にあたり、仁賢天皇の皇女で武烈天皇の妹であった手白髪皇女を娶っている。前の王統の皇女のいわば入り婿となって王位を継承したのだった。

『記・紀』は、先述したように普通に王族男子が少なくなってしまったために、人格識見も加味して継体を擁立したように記しているが、本当にそうだろうか。王族そのものの人数が減っていたのは事実であろうと私も思う。しかしそれにしても、血統上、応神五世孫の継体より王位にふさわしい男王が本当に皆無だったのか。記録には残っていなくとも、もっと近い時代の大王（仁徳から武烈までの大王）の子孫が生き残っていたのではないか、という疑念は消えない。

私は、継体が選ばれたのは、応神五世孫というあまりにも遠い血統よりも、彼自身及びその支持勢力の経済力や国際的な政治力があったからだろうと思う。そして前の王統が継体に取って代わられたのは、当時の王族の体質がまだ脆弱《ぜいじゃく》であったことが影響したと考えている。たとえば、王族の範囲が明確でなく、継体のような遠い傍系でも「某王」と名乗れたこと、同族としての結合が弱く、父方の親族よりもむしろ母方の親族の支援を受けて大王の位を争い、王族同士で互いに自滅していったことなどに現われている。5世紀の王統が衰退していったのは、ある意味必然の成り行きだった。

継体天皇と豪族たち

一方それに代わって地方から出現した継体を支持したのは、出身地近くの近江、越前、若狭、美濃、尾張といった地域の王族、豪族であった。また山背の秦氏に代表される渡来人勢力。畿内の有力豪族でも、大伴氏、物部氏、和邇氏、阿倍氏などは継体の即位を推進した側であった。

しかし『日本書紀』によると、継体は樟葉《くずは》宮（現・大阪府枚方市）で即位したあと、筒城《つづき》宮（現・京都府京田辺市）、弟国《おとくに》宮（現・京都府向日《むこう》市・長岡京市）を転々とし、即位二十年目についに大和国磐余玉穂《いわれたまほ》宮（現・奈良県桜井市）に入ったとある。即位後も十九年間、大和国に定着しなかったのはどうしてか。大和盆地内に継体に抵抗する在地勢力がいたのではないかという声もある。

たしかに応神天皇五世孫という遠い出自、しかも近江や越前という地方出身の大王では、大和の豪族たちの中に強い反発があるのも当然かもしれない。しかしそうではなく、単に継体は自分の地盤である琵琶湖から淀川・木津川流域を選んで基盤としていただけで、大和盆地に入れなかったのではない。入ろうとしなかっただけだ、という考えもある。

私はずるいようだが、「入れなかった」と「入らなかった」と両方あると考えている。そしてやはり大和盆地に反継体勢力は存在したと考えている。ただ、継体も全く大和盆地に入れなかったわけではあるまい。その証拠は、継体の「大后」手白髪皇女の墓が大和盆地東部のオオヤマト古墳群に営まれていることだ。『延喜式』諸陵寮条に記される西山塚古墳である。継体擁立を推進したとされる大伴氏の基盤も、継体に后妃を送った和邇氏、阿倍氏、継体の皇子の安閑に后妃を送ったとされる物部氏の基盤も、やはり大和盆地の東部、山の辺の道沿いにあった。

一方、継体と距離を置いていたのは、大和盆地の西側を拠点とする者たちだった。衰えたりとは言えまだ隠然たる勢力を保持していた葛城氏、その傘下にいた平群氏や巨勢氏、忍海氏など、武内宿禰後裔を称する氏族がそれだ。大和盆地西部に集っていた彼らは、みな継体天皇との接点が薄いように見える。どこまで厳しく対立していたのかは、詳《つまび》らかで

継体天皇関係地図

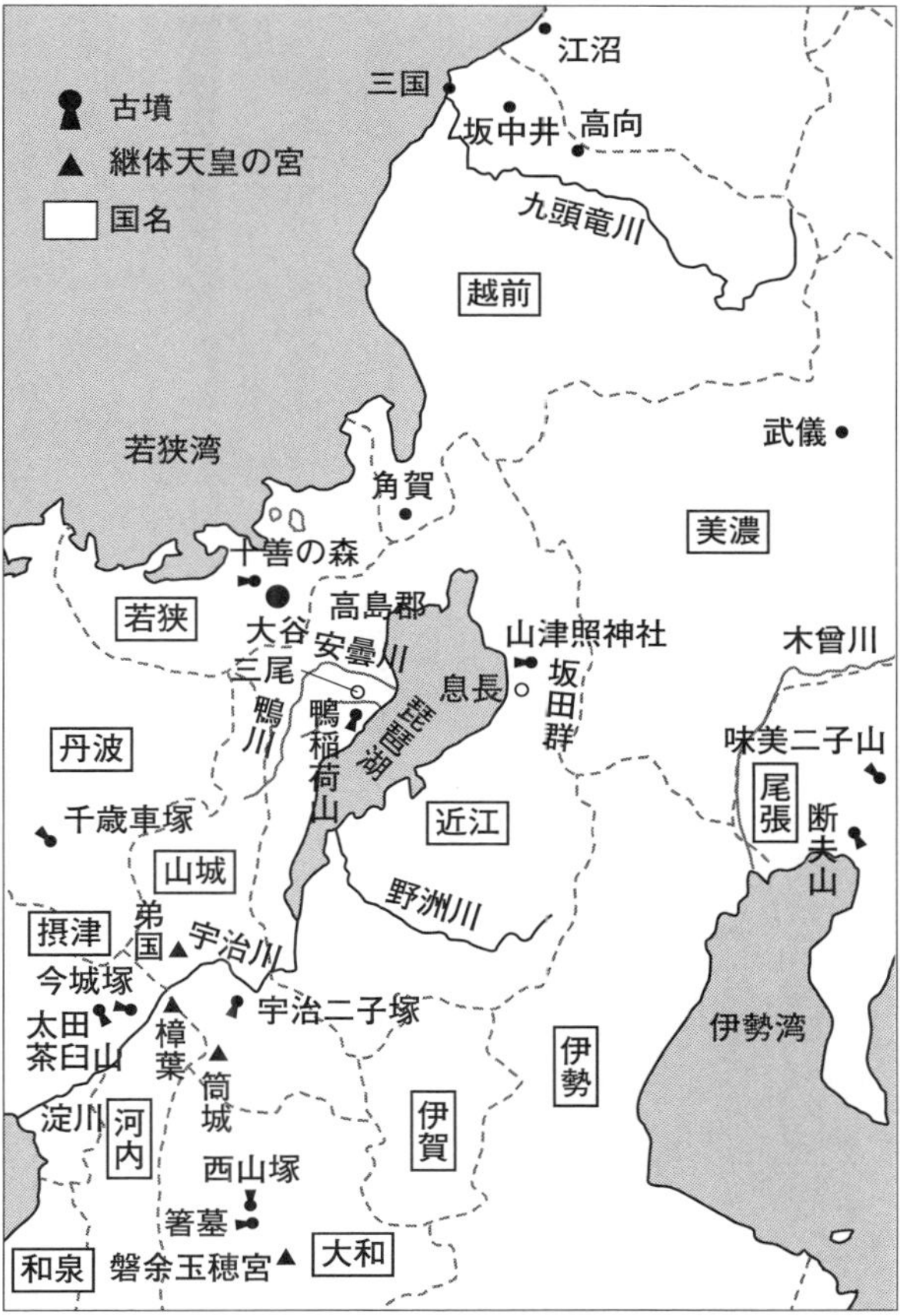
古墳
継体天皇の宮
国名
江沼
三国
坂中井
高向
九頭竜川
越前
武儀
若狭湾
角賀
美濃
十善の森
高島郡
若狭
大谷
安曇川
山津照神社
木曽川
三尾
坂田群
息長
鴨川
鴨稲荷山
琵琶湖
味美二子山
丹波
尾張
断夫山
千歳車塚
近江
山城
野洲川
摂津
弟国
宇治川
今城塚
宇治二子塚
太田茶臼山
樟葉
筒城
伊勢湾
伊勢
淀川
河内
伊賀
西山塚
箸墓
和泉
磐余玉穂宮
大和

はないが、東部の勢力と比べると継体に対し、温度差のあることは否めない。継体の宮が大和国に置かれたのが遅かったのは、彼ら反継体勢力のいたことが原因であると私は思う。

継体天皇の大和定着

その継体が即位十九年目にしてついに磐余玉穂宮に入ったのであった。その所在地とされる桜井市の南部は、阿倍という地名も残るように、阿倍氏の領域で、北に隣接する大伴氏の本拠地ともきわめて近い。これらの豪族が継体の大和定着に尽力したと考えていいだろう。

継体の皇子ののちの安閑と宣化もこの時、父と共に居を大和に定めたのだろう。二人の母は尾張連の出身だったから、それまでは尾張にいたと思われる。安閑が入ったのは勾金橋宮(現在の橿原市曲川町)、宣化が入ったのは檜隈廬入野宮(現在の明日香村檜前)であった。勾金橋宮は蘇我氏の本拠地・蘇我と隣接し、檜隈は東漢氏や蘇我氏の影響力の強いところである。

つまり、のちに継体の後継者となった尾張出身の安閑と宣化は、大和入りにあたって蘇我氏の勢力圏に招かれ、そこを住まいとしたのだった。私はかつて蘇我氏は反継体から親継体に寝返ったのではないか、と書いた。それがのちの蘇我氏隆盛の始まりとなるのではないかと。蘇我氏は武内宿禰の後裔を称する氏族であるから、もともとは葛城氏らと歩調を合わせて反継体の色を濃くしていたのでは、と思われる。それが継体が大和盆地に定着した際に、彼らは安閑と宣化を自らの本拠地に近いところに招き入れたのであった。

継体が即位後十九年もの間、大和盆地の東側には入っていたとはいえ、摂津、南山城、乙訓《おとくに》(弟国)を本拠とし、自身の御陵も摂津の三嶋に築こうとしていたことは、やはり揺るがせにはできないことである。それがまた晩年に至ってどうして大和に入れたのか。あるいは入ろうとしたのか。

『日本書紀』の紀年では磐余玉穂宮に遷都したのが即位二十年の九月、翌年起きたのが磐《いわ》井《い》の乱である。この辺りの紀年がすべて正確であるとは毛頭言えないが、おおよそは正鵠《せいこく》を外れていまい。継体の磐余玉穂宮遷都と磐井の乱勃発が時を置かず行われたことは認めていいだろう。これまでそのように考えた人はいなかったけれども、この二つの出来事は連動していると見るべきだ。

磐井の乱と九州の豪族

磐井の乱は、決して一朝一夕に起きたものではない。この四、五十年前から段々と進行していた九州有明海沿岸地域の豪族たちの政治連合の形成が頂点まで達し、中央にも影響力を持つようになったことに対する大和政権側からの反応なのであろう。

柳沢一男氏によれば、5世紀前半ころから磐井の乱が鎮圧されるまでの約百年間、有明海沿岸地域の首長墳には、阿蘇製の横口式家形石棺(組み合わせ式家形石棺の短辺に開口部を設けた横穴式の埋葬施設)や、石人石馬(石製装飾)といった共通した特性のあることが指摘されている。これを柳沢氏は「有明首長連合」と名付けた。その盟主は、福岡県の久留米から八女にかけての古墳群の被葬者たちであった。磐井の墓とされる岩戸山古墳は、その中でも最大の古墳だ。その実力は中央も認めざるをえなかった。

5～6世紀の九州有明海沿岸

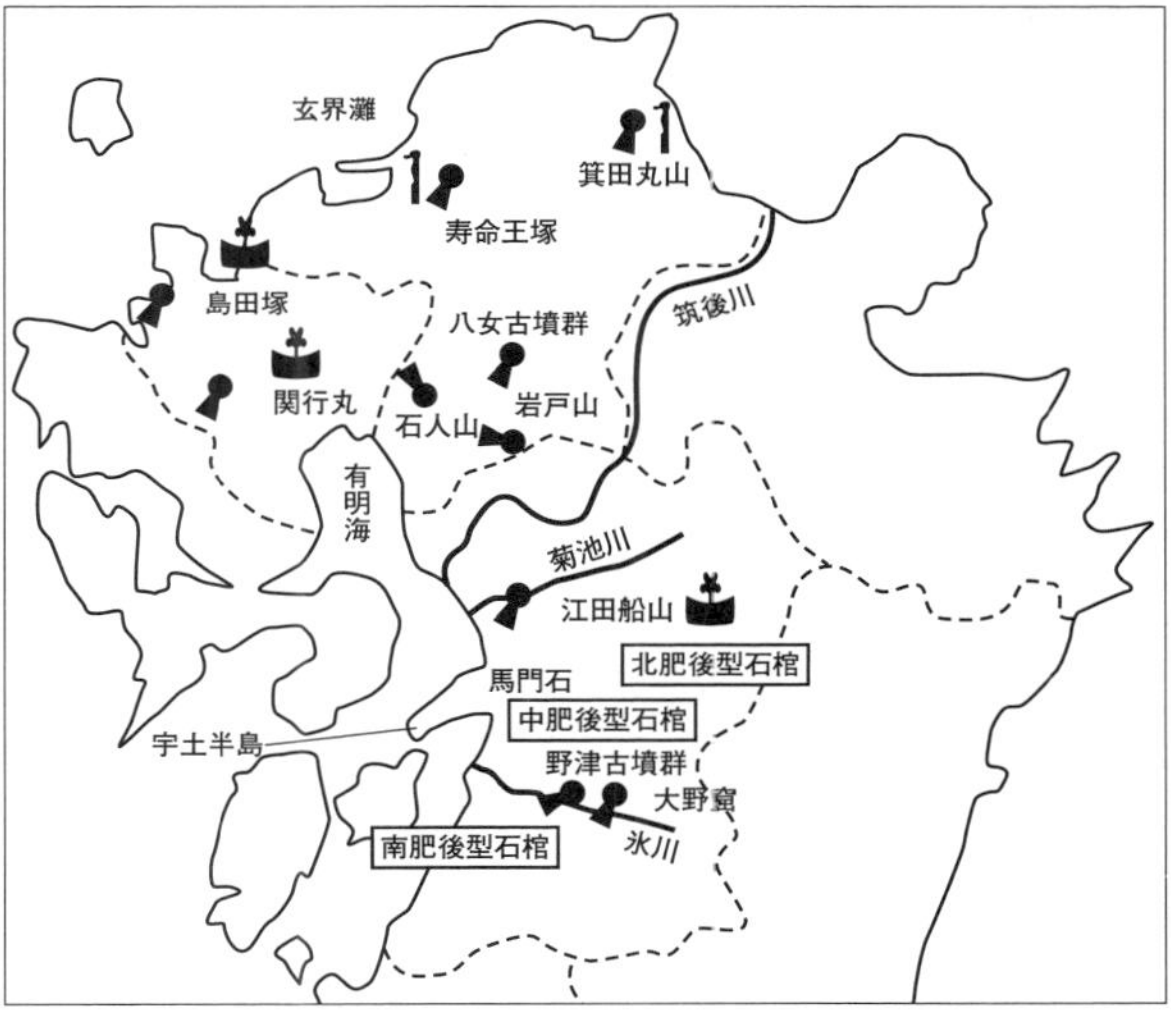

地勢学的に見ても彼らとの連携なしには、大和政権も大陸、朝鮮半島との通交を果たすことは不可能であった。雄略が造らせた銘文付きの大刀が熊本県江田船山古墳で見つかっているのも、そのことと関わりがあるだろう。

逆に5世紀後半ころからは、九州のローカルな古墳文化の特徴（九州系横穴式石室・横穴式石室内の石屋形と呼ばれる石棺状の埋葬施設）が、瀬戸内海沿岸を経て近畿地方の古墳に伝播していることを、和田晴吾氏が明らかにしている。

最初の巨大前方後円墳である箸墓古墳が纏向に造られて以来約二百年間、古墳文化は畿内をルーツにして伝播してきた。九州は本来、朝鮮半島に最も近いところであるから、かつては半島を伝って稲作や金属器などさまざまな大陸の文化や技術がまず伝わり、それが瀬戸内海、畿内へと伝播したものだったが、大和政権の成立後は、久しく九州発信の文化が直接東へ広まることはなかった。それがここへきて、九州発の文化伝播が見られるようになってきたのだった。中央にすれば、これは脅威であったろう。

大和政権と九州有明首長連合

大和政権の大王たちは、彼ら有明首長連合の力を利用して大陸・半島との通交を果たしながらも、一方では彼らの力がこれ以上強大化するのは警戒していたのだろう。5世紀後半、ちょうど雄略朝ころ、有明首長連合は一時的に衰弱していると柳沢氏は指摘する。この時期、久留米から八女にかけて、90メートルを超える古墳が途絶えるからだ。これは雄略の揺さぶりが成功したからなのだろう。有明首長連合と大和政権の間には、連携関係はありながらも緊張した力のバランスがあった。しかし、その後有明首長連合は復活する。九州北部中部最大の前方後円墳である岩戸山古墳の造営がその表われである。またそこには、大和政権そのものの弱体化も見て取れるように思う。『古事記』は記す。

この御世（継体の時代）に、竺紫君石井《つくしのきみいわい》が天皇の命令に従わず、多く無礼であった。

そこで物部麁鹿火《あらかい》大連、ただ、大伴金村連の二人を遣して、磐井を殺した。

これによると、先に攻撃してきたのは物部・大伴の軍であった。磐井は積極的に中央に反旗を翻したわけではなかったのである。ただ、次第に有明首長連合が結束を固め、独立の傾向を強めていたのであろう。雄略が亡くなってからの衰退した王権には、この九州勢力の伸長をすぐに止めるだけの力はなかった。そういった危機の中で、ようやく継体の大和定着が達成され、翌年に磐井征討が大伴・物部両氏によりなされたのであった。共通の敵の出現、強大化を目の前にした中央豪族たちが、ここで結束を回復し、継体の下での磐井との対決に臨んだのだと私は思う。磐井の乱が中央豪族合議制の成立の大きな引き金になったと考える所以である。

磐井との対決によって生まれた中央豪族合議制

『日本書紀』の継体二十一年六月条に、磐井の乱の勃発に際し開かれた合議の場での議論が記されている。現代語訳した文章をあげよう。

天皇は、大伴大連金村、物部大連麁鹿火《あらかい》、許勢大臣男人らに詔して言われた。「筑紫君磐井が朝廷に反《そむ》き、西の地を占領している。今、誰が将としてふさわしいか」大伴金村大連が言った。「正直で仁勇の心があり、しかも兵の事に通じている点で麁鹿火の右に出る人はいません」天皇はおっしゃった。「それでいい」。

もちろんこの記事が細部まで史実を伝えているとは思わないが、この伝承は磐井の乱にあたって中央の豪族たちの間で合議が開かれ、その席で物部大連麁鹿火が磐井鎮圧軍の将軍に選ばれたことを伝えている。継体の即位を認めるかどうかをめぐって長く対立していた中央豪族たちが、磐井の強盛化、言い換えれば九州勢力の中央からの自立化という危機に直面して、ついに継体の下で結束を取り戻したことを示唆するのであろう。

大和政権における大王―大臣・大連―大夫をメンバーとする合議制は、こうした地方勢力との緊張状態の中から生まれていったのである。それは大王の下で、大臣・大連・大夫といった中央の有力豪族たちが合議により政治を進めていくというものであった。

辛亥の変と中央豪族合議制

中央豪族合議制のもうひとつの特徴は、それがアンチ大王専制でもあるということだ。継体は『日本書紀』によると、亡くなる直前、安閑に譲位したと記されている。しかし『日本書紀』の引用する「百済本記」には、継体二十五年（辛亥年）に、

日本の天皇及び太子・皇子が、倶《とも》に亡くなった。

とある。時の天皇といえばそれは継体、太子といえば安閑であろう。皇子は継体の皇子のうちの一人であろう。この三人が急に亡くなったというのである。『日本書紀』の本文には継体が亡くなったあと安閑が二年、宣化が四年の在位で亡くなり、そのあと欽明が即位したと伝える。そこには何らかの政変があったことを示す伝承などは全く記されていな

い。けれども右の「百済本記」の記事や『日本書紀』の紀年の齟齬などからすると、何もなかったとは思えないのである。

欽明の朝廷と安閑・宣化の朝廷とが数年の間対立し、二朝並立状態になったという説もあるが、私はこれはとらない。旧著で私は、継体は亡くなる直前に安閑を後継者に指名し、生前譲位したけれども、これに納得しない宣化と欽明がクーデターを起こし、即位したばかりの安閑から王位を奪い取ったのではなかったか、と考えた。安閑と宣化は尾張連を母とする同母兄弟で、欽明は仁賢天皇の皇女手白髪皇女を母とする。

クーデターの背景には、尾張連を母にもつ安閑を嫌った中央豪族が、仁賢天皇の皇女の手白髪皇女を母にもつ欽明を推した事実があったのではないか、と考えた。自らの後継者を自ら決めようとした継体に、中央豪族は抵抗したのである。これ以後、5世紀末から継体朝にかけて一時期大型化した尾張の古墳がまた小さくなってしまうのも、このことと関わりがあろう。

私の推測に誤りがないならば、それは中央対地方の対立であり、また大王と豪族たちの冷戦でもあった。結局、豪族たちの意思が大王の意思を上回ったのである。

大王専制のための合議制か

合議制の成立過程については、他に佐藤長門氏の説がある。佐藤氏は、合議制が成立した要因としてA・B・Cの三段階を想定する。

要因Aは、6世紀になって王権に対する地域首長の従属度が高まり、大王の求心力も高まった結果、列島各地の貢納・奉祀関係が大王の下に一元化され、そのために王権の行政事務が量的に拡大したために、伴や部といった集団の管轄権を、一部の有力階層（＝群臣・マエツギミ）に委ねる必要が生じた。これにより、「あらたに王権全体の意思統一をはかる必要から、管轄権を分与された有力階層（群臣）を糾合する中枢機構が創設された」。これが合議制成立の第一の要因（A）である。

第二の要因（B）は、「執政内容を質的に変化させる必要性」から「軍事・外交部門を先駆とする専門家集団が体系的に成立」することになり、「これによって大王は専門家集団を統治に活用できるようになった」が、それは反面「大王のカリスマを相対的に低下させ」、その地位が「おびやかされる危険性」もはらむ。そこで「政策決定に際して－形式的に－恣意性を排除することで安全性を追求する目的の諮問・議決機関を用意することになった」、というものである。

第三の要因(C)は、大王位の世襲が6世紀中葉の欽明天皇以降に確立したという理解のもとに、これにより王位をめざす王族と彼を支援する群臣との関係が緊密になり、「権力の系列化」をもたらす危険性があることから、「王権の分裂を未然にさける必要から、有力階層による不断の意思確認の場が設定されなければならなく」なったと言う。

この三つ、「要因Aによって成立した合議制」が、要因Bによって「存在意義を与えられ」、要因Cが「加わることによって、名実共に王権機構として確立した」というのである。私は佐藤説を的確に要約できているか、疎漏のないことを祈るが、まとめるならば、Aは行政の厖大化《ぼうだい》によりその一部を有力豪族に委ねる必要が出てきたこと、Bは外交・軍事の専門家集団を登用する代わりに、大王のカリスマ性を守るために政策決定のための諮問・議決機関が必要となったこと。Cは、有力豪族をバックにした王位継承争いの激化による王権分裂の危機を防ぐため合議の場が必要になった、ということに要約できるだろうか。

佐藤氏は、そこからこのように言う。

一般に合議制が成立したことは、この時代の権力構造が「群臣層」による「貴族共和制」的形態に変質したと誤解を生じさせがちである。しかしそれは、大王の専制権力と矛盾するものでは決してなかった。

だから、大王にとって合議制は

みずからの意思形成に際し、一定の有力階層を政策決定に関与させることで、彼らにも応分の責任を負担させ、つまり群臣に政策を「保障」させることによって、大王の意思を王権全体の意思にまで昇華させるための機関

であったという。

群臣（マエツギミ）の側からすれば、「みずからの存在のみでは完結できない未熟な支配階層」であった群臣が、その「階級的脆弱性を克服するため」

大王を核として結集することで、みずからの地位を「保障」してもらうための機関であったというのである。

大王専制か貴族共和制か

読者も気づかれるように、佐藤氏と私の見方には異なるところが多い。しかし関晃がせっかく畿内政権論を提唱しながら、畿内豪族による合議がいつごろ、どのようにして成立したのかについては、全くと言っていいほど触れなかった、その欠を補おうとした点は共通しているのである。異なるのは合議制の実態をどのように捉えるのか、であって、そこは以下の考察でもできる限り予断をもたず冷静に分析していきたい。

第四章　蘇我氏全盛期における豪族たち

「大夫(マエツギミ)」、二つの意味

大王の下で合議制を形成する中央の有力豪族を、『日本書紀』などの史料は「マエツギミ」と呼ぶ。但しその表記は、「大夫」・「群臣」・「群卿」・「諸臣」・「臣」などさまざまな漢語で表現される。読みはみな「マエツギミ」で、天皇の御前に侍《はべ》る君、有力な豪族といったほどの意味である。しかし、実際には狭い意味と広い意味とおおむね二つあることはあまり指摘されていない。

狭い意味の「大夫(マエツギミ)」とは、大臣・大連に次ぐ地位としての意味である。広い意味の「大夫(マエツギミ)」とは、大臣・大連と、この狭い意味の大夫を含めた合議体のメンバー全体を指す意味である。例を挙げておこう。

狭義の「大夫(マエツギミ)」の用例は、たとえば「宣化紀」元年二月条の天皇即位記事のあとに記された大臣大連任命記事である。

大伴金村大連を以って大連と為し、物部麁鹿火《あらかい》大連を以って大連と為すこと、並びに

故《もと》の如し。又蘇我稲目宿禰を以って大臣と為し、阿倍大麻呂臣を大夫《まえつぎみ》と為す。

このとき阿倍大麻呂が任命された「大夫」という地位は、明らかに大臣・大連とは明らかに別のものとしての「大夫」であり、大臣・大連に次ぐ地位としての「大夫」である。

「推古紀」十八年十月条の宮中で行われた新羅使迎接の儀式を伝える記事での用例も同様といえる。このとき、

大伴咋《くい》連・蘇我豊浦蝦夷《えみし》臣・坂本糠手《ぬかて》臣・阿倍鳥子臣、…四人の大夫《まえつぎみ》、起《た》ち進みて大臣に啓《もう》す。（後略）

「大夫」と呼ばれる右の四人が、大臣（蘇我馬子）に次ぐ地位の者として現われるのである。

狭義の「大夫」と広義の「大夫」

次に広義での用例を挙げてみよう。

先に挙げた「欽明紀」元年九月条では、天皇が新羅討伐について「諸臣《まえつぎみ》」の意見を聞く（「天皇、諸臣《まえつぎみ》に問いて曰く『幾許《いくばく》の兵を以って新羅を伐つこと得む』」）。これに対して大連物

部麁鹿火は、かつて継体六年に大連大伴金村が提案して行った任那四県割譲が新羅の恨みを買っていることを指摘し、「軽々に伐つべきでない」と進言したのである。過去の失政を糾弾された大伴金村は、「疾を称して」「住吉の宅」に引退した。この合議には「大連」の物部麁鹿火も参加し、発言しているのだから、彼も「諸臣」の一人であることは疑いない。

ここで言うところの「諸臣《まえつぎみ》」には大連もそして大臣も含まれているのである。

「推古紀」十一年十一月も同様の例と言える。

十一月己亥朔、皇太子（聖徳太子）が諸の大夫に尋ねた。「私は尊き仏像を所有している。誰かこの中にこの像を貰《もら》い受けて拝もうと思う者はいないか」。時に秦造河勝が進み出て言った。「私が拝みましょう」。こうして仏像を賜り、蜂岡寺（広隆寺）を造った。

聖徳太子が自分の所有する「尊き仏像」を、「諸の大夫《まえつぎみ》」に対し貰い受ける者はいないかと尋ねたところ、秦河勝が名乗り出て有り難く賜ったというのである。ここに見える「大夫」が、大臣蘇我馬子も含めた合議のメンバー全体を指していることは明らかだろう。

では、狭義の「大夫」と広義の「大夫」とでは、どちらが本来の使い方なのだろうか。私はおそらく広義の方ではないかと考える。ただこの言葉が使われ始めたのは、まだ「大連」や「大臣」が生まれる前、つまり雄略朝以前であって、そのころは単に大王の前に侍って重要政務に関わる豪族たちのことを「マエツギミ」と呼んだのだろう。その後に、その中でも特に有力な者が「大連」や「大臣」と呼ばれるようになったのだと思われる。だから、「大臣」も「大連」も広い意味では「大夫」に含まれるのだ。

前章で、彼ら「大夫」による中央豪族合議制は地方豪族と対峙する中で生み出されてきたと私は述べた。これとは異なる見解もある。

合議制は中央豪族の対立から生まれたか

加藤謙吉氏は、のちに（狭義の）大夫となる大和の在地土豪が、同じ大和の在地土豪の蘇我氏と連携して、大伴氏・物部氏の大連勢力と対抗してこれを上回る力を得、その結果蘇我氏は「政界でのリーダーシップ」を握り、大夫層の氏族は「国政参政要求を実現」したのだと推測する。こうして大夫による合議制は成立したという。

いわば、

蘇我大臣＋（狭義の）大夫層（阿倍氏・紀氏・和邇氏など）

VS

大伴大連＋物部大連

といった中央豪族の内部対立の中から、前者が勝利し、（広義の）「大夫制」が生まれたと説くのである。これは、中央豪族と地方豪族との対決の中で中央豪族が合議制を創出したのだという私の見方とは異なり、中央豪族内部の権力争いの中から合議制が形成されたとする点に特色がある。具体的にはそれは、蘇我氏と阿倍氏・紀氏・和邇氏など狭義の大夫らの主導で形成されたと考えるのである。もし加藤氏の説の通りだとすると、それは大伴氏や物部氏には不本意なことだったということになろう。

五経博士が合議制を献策したのか

中央豪族内部の権力争いの中から合議制が形成されたとする点では、倉本一宏氏の見方も共通する。倉本氏は、継体天皇の崩御後の王権分裂（欽明VS安閑・宣化）に際して、欽明側についた有力豪族たちが糾合した権力集中が、大夫制であると考えている。そしてこうした政体を考案したのは、百済より来た五経博士の献策ではないかとも述べている。

この説は、大臣（蘇我氏）と大連（大伴氏・物部氏）の対立の中で（広義の）大夫による合議制が創設されたとする点では加藤説と共通しているともいえる。しかし欽明側についた有力豪族たちが糾合した権力集中が大夫制であるとしているにもかかわらず、安閑・宣化側についたとされる大伴氏・物部氏らが、大夫制の開始当初から不利な立場にあったようには見えない点が理解しにくい。この点は、加藤説にとっても問題点としてあてはまる。

合議制が成立したことによって、大伴氏や物部氏が没落したといった記述は『日本書紀』などからは読み取りにくい。彼らが渋々合議のメンバーに加わったなどとはとうてい思えないのだ。この合議の形成が、特に臣姓氏族の主導で行われたとも考えられないし、この合議において臣姓氏族と連姓氏族とが対立したという記事もない。その後の蘇我氏と物部氏の対立も、臣姓と連姓の対立という図式で理解できるものではない。先に述べたように、もともと臣姓氏族も連姓氏族もマエツギミのメンバーであって、その点では差があったわけではないのである。

またこうした理解では、大伴氏が大連大伴金村の失脚後、（狭義の）大夫に降格になったことは説明しにくい。加藤氏は、大伴氏の大夫就任は「特殊な政治的理由によって、二次的に大夫に編入された例」であるとして、いわば例外として理解しようとしているが、いささか苦しいのは否定できないだろう。

倉本氏の言う五経博士に教えられて有力豪族による合議制が始まったというのも、説得力があるとは思えない。有力者による合議制といったものは、特に渡来の五経博士に教えられなくとも、内発的な必要があれば発生しうるものではないだろうか。

中央豪族合議制の本質

前掲の「推古紀」十八年十月条の「四大夫」の中には「蘇我蝦夷《えみし》」の名前があった。蝦夷はいうまでもなく父馬子の死後、大臣に昇格するが、父の生前は大夫の地位にいたのだった。

彼の場合は大夫から大臣に昇格したわけである。

こうした「大夫→大臣の昇格」や、「大連→大夫への降格」といった例からすれば、広義の大夫とは、やはり大王の下で合議制を構成する大臣・大連を輩出する母体のようなものに他ならず、従って大臣・大連と大夫との間に本質的な違いはなかったと思われる。

前章では、大王と中央豪族による合議制が形成されていくプロセスを見てきた。私見ではそれは、雄略朝以前の大王と各地の首長による個人的な同盟関係をもとにした政治体制から、雄略朝の「人」制あるいは「トモ」制という機構を利用した専制君主制を経て、継体・欽明朝以降の大王と中央豪族をメンバーとした合議制へ、という変遷として捉えた。

あらためて中央豪族合議制とは何か。その本質はいかなるものだったか。あるものを説明するには、それが何でないのかを説明した方がわかりやすいかもしれない。

中央豪族合議制とは、第一に大王専制ではない。これ以後しばらくの間、雄略朝のような専制君主は途絶える。もちろん大王は飾りではないし、象徴でもないのだが、合議の場での議論を覆すだけの力はなかったようである。

第二に、この合議からは地方豪族は排除されている。これは允恭朝、雄略朝からの流れを受けたものといえる。吉備氏や筑紫君や、あるいは関東の毛野臣、東海の尾張連なども、このメンバーではない。かつての大和政権では、中央に限らずこれら地方の有力豪族もまた重要な地位にあって、権力を分担していた。しかし、吉備氏の反乱や磐井の乱の鎮圧を経た継体・欽明朝ころから彼らは政権の中枢から排除され、大臣・大連・大夫の地位にあってこの合議に参加する者のみが、重要な決定に参画できるようになった。ここに中央と地方の格差が生じたともいえる。

仏教伝来の主導権は大王か豪族か

大臣・大連は「継体即位前紀」では、大連が大伴金村と物部麁鹿火、大臣が許勢男人。安閑朝には、大連が大伴金村と物部麁鹿火、宣化朝になるとこれに大臣蘇我稲目、大夫に阿倍大麻呂臣が加わる。こうしたメンバーが合議を構成していた。その主導権を握っていたのは誰だったろうか。天皇だったのか、豪族だったのか。

合議の様子を伝える伝承として、『日本書紀』欽明十三年十月の仏教伝来の記事を取り上げたい。

百済の聖明王が上表文とともに贈った「釈迦仏金銅像一躯・幡蓋若干・経論若干巻」を受け入れるべきか否か、欽明天皇は群臣《まえつぎみ》に尋ねる。

朕《ちん》は今までこれほど素晴らしい教えは聞いたことがない。そうではあるが、朕一人では決められない。

そう言って群臣一人一人に尋ねた。

西の国が献上した仏の相貌は荘厳で美しく、いまだかつてこのようなものを見たことはない。敬うべきだろうか。どうだろうか。

これに対し大臣の蘇我稲目が発言する。

西の国々は、皆こぞって礼拝しています。この日本の国もどうしてこれに背きましょうや。

しかし大連の物部尾輿《おこし》と中臣連鎌子は反対する。

我が国家に天下に王として君臨されるのは、常に天地の百八十の神を春夏秋冬祭られることを使命とされているからです。今もしこれを改めて外国の神を祭ったならば、恐らくは国の神の怒りを買うことでしょう。

賛否両論が真っ向から対立した。そこで天皇は「受容を願っている蘇我稲目にこの仏像を授け、試みに礼拝させてみよう」と言った。稲目は跪いてこの仏像をもらい受け、洗い清めた向原《むくはら》の家に安置したという。結局、天皇には決められないのだ。賛否両論分かれた場合、天皇はどちらにも気を使い、とりあえず仏像や経論を欲しがっている蘇我稲目に預けることしかできない。

一人では決められない天皇

その十数年後、欽明から王位を継いだ敏達天皇は、「物部弓削守屋《ゆげのもりや》大連」と「中臣勝海大夫《まえつぎみ》」とに仏法の弾圧を命ずる。蘇我馬子の祀る仏像や仏殿を焼き討ちさせ、善信尼《ぜんしんに》ら泣き叫ぶ尼らを監禁し、鞭《むち》で打ったという。しかしその直後、流行した天然痘に天皇も守屋、馬子もかかってしまう。仏像を焼いた罪によるのではないかと、人々にささやかれた。馬子は仏像を祀ることによって自らの身を救いたいと天皇に奏上し、天皇もこれを認めた。結局、馬子一人に限り、仏法崇拝を許したのである。

この辺りも天皇の仏教に対する姿勢は一貫していない。賛成派と反対派の豪族の間で揺れ動いているように見える。

用明天皇二年四月、このときも天皇が仏教を受け入れるべきか否か問うている。このときには天皇は、仏教に帰依したいという意向を明らかにする。

朕は三宝（仏教）に帰依したいと思う。卿《まえつぎみ》らよ、議《はか》れ。

天皇は合議の場に同席しなかったようである。

群臣は朝廷に入って議論した（「群臣、朝《みかど》に入りて議《はか》る」）。

ここで大連物部守屋と中臣勝海連は「詔の議に違ひて」発言をする。

どうして国の神に背いて他の神を敬うのか。今までこのようなことは聞いたことがない。

これに対し大臣蘇我馬子が反論する。

詔に従って天皇をお助けするべきだ。誰が詔に異なるはかりごとを成すのか（「詔の随《まま》に助け奉るべし。だれか異なる計を生さむ」）。

このような激しいやり取りが交わされたというのである。ここでは天皇の意思が明らかにされているにもかかわらず、大連物部守屋と中臣勝海が堂々と反対意見を述べていることに驚く。

これらの仏教伝来記事についてはその信憑性に疑問が持たれており、どこまで史実に基づく記事なのかは、判断が難しいところである。仏教受容をめぐる蘇我氏と物部氏・中臣氏らの論争については、ほぼ史実とする説、全くの虚構であるとする説、仏教受容をめぐる対立はあったが、その主たる要因は宗教的対立よりも蘇我氏と物部氏の政治的対立にあるとする説（私はこの説をとる）などがある。それにしても、この『日本書紀』に描かれる欽明や敏達の態度は、仏教受容については自主性のない、一人では決められない天皇の立場が浮き彫りにされている。

合議の主導権は？

そうした天皇の姿勢はこの他にも多い。先にも挙げた大連大伴金村が、過去の外交政策の失政を大連物部尾輿に追及され、「住吉の宅」に引退したときのことである。あとで欽明は后妃の一人を遣わし、これまでの金村の功績を讃え慰めた。

久しい間、忠誠を尽くしてくれた。人々の批判を気にするな。（久しく忠誠をつくせり。衆口をうれうることなかれ）

そう労《ねぎら》いの言葉をかけるのだが、彼を復権させることはできない。天皇でさえ合議の議論を覆すことはできないのである。

次期王位継承を決める合議も開かれた。『日本書紀』に詳しく記されているのは、有名な推古天皇の後継者問題である。七十五歳で崩じた女帝のあと、誰を大王（天皇）に立てるのか、大臣蘇我蝦夷の召集の下、何度も合議が開かれた。ただ田村皇子を推す大臣蘇我蝦夷らの意見と、山背大兄王を推す一族の境部臣摩理勢《さかいべのおみまりせ》の声とが対立し、なかなかまとまらない。このとき蝦夷が吐いた言葉も興味深い。

欽明天皇の世から近い世に至るまで、群臣《まえつぎみ》は皆、聡明でありました。ただ今、私が賢明でなく、たまたま人材の乏しい時にあたり、間違って群臣の上の地位（大臣）にいるだけなのです。そのために次期天皇を決めることもできないでおります。

ここには、群臣による合議制が欽明天皇の時代から始まったことが示唆されている。そして大臣が群臣の上にあって、合議をまとめていく役割であることも語られている。

これらの記事を見ていくと、豪族合議制が大王が専制を保障するための機関にすぎなかったなどとは私には思えないのである。

存在感ある蘇我氏

先ほども触れたように、欽明朝の初めに大伴金村が物部尾輿の指弾を受けて失脚した。以後、大伴氏から大連が輩出されることは二度となくなる。大伴氏は大夫の一員にいわば格下げになるのである。こうして、以後、大臣は蘇我稲目、大連は物部尾輿という顔ぶれになる。

欽明朝ころからは、蘇我稲目が大臣として力をふるい、物部氏と対抗していくようになっていく。蘇我氏については拙著『謎の豪族 蘇我氏』で詳しく論じた。事実上の初代は稲目で、それ以前の実像は明確ではない。武内宿禰の後裔を称する氏族のひとつであり、のち葛城氏の後継者であることを強調するようになる。それが史実通りかは判断しがたいが、もともと葛城氏の傘下にいた豪族であることは認めてもいいだろう。よく後世の史家は、蘇我氏四代などという。稲目―馬子―蝦夷―入鹿。もちろんそのあとも蘇我氏は続く。滅んだのは蝦夷・入鹿の系統であって、石川麻呂や赤兄の系統は乙巳の変以後も健在である。しかし蘇我氏がその力を存分にふるったのは、言うまでもなく乙巳の変まで、蝦夷・入鹿父子が滅ぼされるまでである。

逆に推古朝から乙巳の変までは、蘇我氏の時代と言っても過言ではないであろう。とりわけ人は馬子の政治家・政略家としての偉大さを称揚する。姪にあたる推古天皇のもと、摂政の厩戸皇子（聖徳太子）とともに大臣として、長きにわたって政権を事実上牛耳ってきたのは馬子であった。彼の重要性は、関晃氏も強調されたことであった。しかし私はむしろ稲目の功績を重視したい。蘇我氏の隆盛の基礎を築いたのは、稲目なのだ。そしてそれはいわば彼一代で築き上げたものであった。稲目の政策上の業績として看取できるのは、仏教受容を推進したこと、白猪屯倉《しらいのみやけ》を始めとする各地の屯倉設置に貢献したこと、その際、倭漢氏や西文氏《かわちのふみ》など優れた実務能力をもつ渡来人を官僚的な役割で登用したことなどである。日野昭氏が喝破したように、「天皇家にとって、この新興の強大な雄族との連繋は、王権の基盤を強化する上に有効」であったし、「事実、王権の安定化に大きく貢献し」たのであった。

「崇峻即位前紀」にみえる群臣の顔ぶれ

長年対立してきた物部氏を、馬子は西暦５８７年に討伐する。約半世紀前の仏教伝来時には、豪族合議の場ではほとんど孤立無援であった蘇我氏が、このころにはほとんどの豪族を味方につけていた。「崇峻即位前紀」七月の記事をそのまま挙げよう。ここに当時の群臣たちがほぼ網羅されていると言っていいからである。

秋七月、蘇我馬子宿禰大臣、諸皇子と群臣《まえつぎみ》とに勧めて、物部守屋を滅ぼさんことを謀る。泊瀬部皇子〔のちの崇峻天皇〕・竹田皇子〔敏達天皇と推古天皇の子〕・厩戸皇子〔聖徳太子〕・難波皇子・春日皇子・蘇我馬子宿禰大臣・紀男麻呂宿禰・巨勢臣比良夫・膳臣賀拕夫・葛城臣烏那羅が共に遠征軍を率いて進軍して大連を討った。大伴連嚙・阿倍臣人・平群臣神手・坂本臣糠手・春日臣〔名は不詳〕が、共に兵を率いて河内国志紀郡から大連物部守屋の河内国渋河郡の家に至った。

ここに群臣《まえつぎみ》として見えるのは、蘇我臣・紀臣・巨勢臣・膳臣・葛城臣・大伴連・阿倍臣・平群臣・坂本臣・春日臣、この十氏である。これに敵方の物部氏と中臣氏を加えれば、当時の群臣《まえつぎみ》のほぼ全員が網羅されているのだろう。仏教伝来時に受け入れを主張したが当時少数派だった蘇我氏が、今では圧倒的に多数派になったのだった。以後、飛鳥寺を始めとして仏教寺院の造立が本格化していく。

物部守屋が滅ぼされた後は大連が補充されることはなく、大臣だけが置かれた。馬子の死後は蝦夷が継いだ。守屋らが次期大王に推していた穴穂部皇子も馬子らに討たれ、皇位には崇峻天皇が立てられた。しかし崇峻には実権はなかったに等しい。敏達天皇の亡くなって以降、政権の中枢はその后妃であった額田部《ぬかたべ》皇女(のちの推古天皇)と、その叔父蘇我馬子に握られていた。崇峻は二人の傀儡《かいらい》と言ってもいい存在であった。即位五年に崇峻と馬子は対立し、馬子は配下の東漢直駒《やまとのあやのあたえこま》を使って天皇を殺害した。しかし彼を責める声があったわけでもなく、その後推古が即位するとかえって、政権内は安定を取り戻したようにさえ見えることが、このことを如実に表していると言える。

推古朝という時代

かくして当時としては異例に長い三十六年にわたる推古朝という時代が幕を開ける。この時代の主役は、推古女帝と大臣蘇我馬子、摂政で皇太子だったとされる厩戸皇子の三人だった。

馬子は世代的には皇子の大叔父にあたり、推古と共にその後見人的な立場だったのであろう。二人が元来対立していたと見るのはあたらない。推古・馬子・太子のトライアングルにより政権運営がなされたのが推古朝の基調であった。推古十四年四月、飛鳥寺の本尊の丈六像が、仏師鞍作鳥《くらつくりのとり》の手によって完成したときは、蘇我氏繁栄の一つの頂点であったろう。

さらに推古二十年正月、人日《じんじつ》儀礼の日に推古と歌を交わし、互いを褒めたたえ、翌月には、妹の故堅塩媛《きたしひめ》を欽明陵に改葬した。これは生前は正妃ではなかった堅塩媛を、このときになって欽明天皇の正妃の地位に事実上格上げしたものであって、そこには娘の推古と兄の馬子の強い意志が感じ取れる。推古二十八年には、太子と共に議って「天皇記・国記、臣・連・伴造・国造・百八十部、幷せて公民等の本記」を録《しる》したという。

ここまではまさにすべて望み通り叶えてきた馬子が、晩年の推古三十二年十月、天皇への申し出を初めて断られた。それは、もとは自分の「本居《うぶすな》」だった「葛城県」を天皇から賜りたいという願いであった。この県とは、先に述べたかつて雄略天皇が葛城氏を武力で倒した際に、葛城氏の円大臣が服従の誓いとして奉献した「葛城宅七区」のことと考えられ

石舞台古墳

ている。かつて葛城氏が雄略に献上した屯倉の返還を求めたのであった。これは自らが葛城氏の正統な後裔であることのアピールでもあった。しかし、推古は「朕は蘇我氏の出身である。大臣はまた朕のおじである。だからこれまで大臣の言うことはどんな言葉でもすべて採用してきた」と言いながら、この葛城県だけは失うわけにはいかない、と言って拒んだ。両者の対立が初めて表面化した出来事であった。

推古三十四年五月、馬子は亡くなった。その人となりについて、『日本書紀』は「その性格は武略に長《た》け、また弁舌の才もあった」と称賛する。その「桃原墓」は、石舞台古墳とする見方が有力である。彼の邸宅は、文献に「飛鳥河の傍らの嶋の宅」、「石川の宅」、「槻曲の家」が知られる。馬子の死の翌年、あとを追うように推古も崩御した。

大臣と大夫の変質

宣化朝に初めて稲目が大臣に任命されて以来、大臣と大連とは原則そろって任命されてきた。しかし、崇峻の即位直前に物部氏が滅ぼされ、以来大連の座は補充されることはなかった。

大王推古の下に厩戸皇子と大臣蘇我馬子がいて、その下に（狭義の）大夫がいた。これが推古朝の政権中枢であり、合議のメンバーに他ならなかった。つまり推古朝ころから、大臣の位置づけが、それまでの広義の大夫の一員であり、首座としての立場から、大王に次いで厩戸皇子と共に執政にあたる、つまり狭義の大夫の上に立つ地位になったように見えるのである。

つまり「大夫」という語の使い方が、広義のものから狭義のものに傾斜していったように見えるのだ。

これは『日本書紀』の種々の記事を見てもうなずける。推古朝の後半、舒明朝、皇極朝と時代を追うごとに大臣と大夫とを分けて表記する例が増え、一般的になってくる。

これは大臣たる馬子あるいは蝦夷が、阿倍氏や紀氏、中臣氏、春日氏、小野氏らより、一段いや二段くらい上の地位に昇ったことを示していよう。大臣蘇我氏がより大王に近づいたと言っても過言ではない。大夫の首座としての大臣から、大夫の上に君臨する大臣へと変貌したわけである。

同様のことは、大臣馬子と推古天皇、大臣蝦夷と山背《やましろ》大兄王の意思伝達の仕方からもうかがえる。まず先ほども触れた『日本書紀』推古三十二年十月、馬子が葛城県の割譲を求めたときのやりとりである。

大臣蘇我馬子は、阿曇《あずみ》連〔名を闕《が》く〕、阿倍臣摩侶《まろ》の二人を（推古）天皇のもとに遣わしてこう申し上げた。「葛城県は元、私の本拠であります。これにしたがって、姓名を名乗っております。願わくば、ずっとこの県を賜って、私の領地といたしたく思います」。

この申し出は断られるのだが、私がここで注目したいのは、馬子が直接天皇の下へ伺候するのではなく、豪族二名を遣わしていることである。とりわけあとの阿倍臣摩侶は名族であり、のちの大化改新政権では左大臣に就任する人物である。馬子は、彼らを家臣のように使者として天皇の下へ遣わしているのだ。

同じようなことは、「舒明即位前紀」の蝦夷と山背大兄王との間にも見られる。推古のあとの皇位継承をめぐって対立することになる二人は、直接は会わず、腹心らしき王族や豪族を間に立てて交渉しているのである。しかも王の立てた使者は「三国王」「桜井臣和慈古」というさほどの有力者とも見えない二人であるのに対して、蝦夷は「阿倍臣・中臣連・紀臣・河辺臣・高向臣・采女臣・大伴連・許勢臣」の八名と、大夫級の有力氏族が集められ、いわば名代となって遣わされているのである。馬子、そして蝦夷が大夫の上に立ち、彼らを事実上の配下として使役していたことがわかるだろう。

のちの経緯から考えてみると、このころ既に狭義の大夫層の豪族は、（比喩的に言えば）

大臣蘇我氏に牙を抜かれかけていたのかもしれない。これが改新前夜の大臣蘇我氏の状況であった。

第五章　大化改新と豪族

改新の詔

「大化の改新」とは何か。これは戦後の、いや近代の古代史学にとって、一貫してきわめて大きな問題であった。「大化の改新」とは『日本書紀』を始めとする古代の史料に見える、皇極四（645）年六月に大臣蘇我蝦夷・入鹿父子を滅ぼして（乙巳の変）以後、行われたとされる一連の改革のことである。その首謀者は、『日本書紀』の記述によれば中大兄皇子、中臣鎌足らとされているが、孝徳天皇こそその首謀者であるとする説も近年、唱えられている。その施政方針を公布したとされるのが、大化二（646）年正月条に見える孝徳天皇の発布した詔、四条である。

一．天皇・皇族の私有民（「子代《こしろ》の民」）、朝廷の直轄地（「屯倉《みやけ》」）、諸豪族や国造の所有する私有民（「部曲《かきべ》の民」）、豪族の私有地（「田荘《たどころ》」）を廃止し、その代わりに「大夫《まえつぎみ》」に対し、位階や官職に応じて与えられる給与としての領地・領民（「食封《じきふ》」）を与える。また位の低い官人や百姓には、布帛《きぬ》を与える。

二．凡そ畿内国を決め、その範囲を東は「名墾横河《なばりのよこかわ》」、南は「紀伊兄山《せやま》」、西は「赤石櫛《あかしのくし》淵《ぶち》」、北は「近江狭狭波合坂山」、この四至の内側に定める。このほか郡司・関《せき》塞《そこ》・斥候《うかみ》・防人・駅馬《はつうま》・伝馬《つたわりうま》などの制度を創始する。中でも郡司は、かつての国造（地方豪族）の中から優れた者を選び、大領（長官）、少領（次官）に任命する。

三．戸籍・計帳、班田収授の法を作る。

四．調（班田された面積に応じて課せられる税）の額や、官馬の数・兵役の義務などについての規定。

但しこれらの中にはのちの大宝令の条文と酷似しているものがあり、そのすべてを信じることはできない。

たとえば、第二条に記されている「郡《こおり》」という地方区画は、当時は郡ではなく「評」と記していたし、「郡」を治める郡司の長官を「大領」、次官を「少領」と記しているのも、当時は実際には「評督《こおりのかみ》」、「評造《こおりのみやつこ》」などと表記していた。これらは、戦後に発掘された飛鳥時代の木簡によって証明された。『日本書紀』が記す「郡」や「郡司」は、大宝元（７０１）年の大宝令制定時から施行された官名なのだが、さかのぼって記されているのである。租・庸・調などの税制も、大化の詔に出てくるが、実際にこの段階で定められたものとは考え難い。戸籍・計帳も同じである。また原文で「凡《およ》そ…」に始まる文章が、のちの大宝律令・養老律令と全くあるいはほとんど同じもので、これらの文章を転載したものと指摘されている。

大化改新とは

しかし、大化元年八月条の東国の国司派遣の詔など、他の詔や史料に関しては造作や潤色のあとも少なく、おおよそ信頼に値すると見られている。大化元年八月、同二年三月の東国国司派遣の詔、同年九月の諸国への使者派遣の記事、同年三月中大兄の奏請文、同三年八月の部民廃止の詔などである。これらの史料によれば、大化改新以後、少なくとも孝徳朝の約九年ほどの間に、おおよそ以下の政策が実行されたことは認めてもいいだろう。

改新政府は、改新前夜から直後にかけて滅んだ上宮王家（聖徳太子一族）、蘇我本宗家（蝦夷・入鹿一族)、古人大兄皇子一族らの莫大な財産(土地・領民・収穫物)を没収して王権の所有とし、それをもとにさらに拡大し、国土・国民の一括統治を図った。それまで王族・豪族が所有していた子代・名代などさまざまな部民(=品部《しなべ》)を廃止し、すべて「国家の民」すなわち「公民」にしたのである。その代わりに、時間をかけて全国的な租税制度(租庸調)と、新しい官僚制度を創出した。

新政府の体制

- 天皇：孝徳天皇
  - 皇太子：中大兄皇子
    - 左大臣：安倍内麻呂
    - 右大臣：蘇我倉山田石川麻呂
    - 内臣：中臣鎌足
    - 国博士：高向玄理・僧旻

さまざまな私有地・私有民を失い、大きな拠り所を失うことになる諸豪族に対しては、これに代わるものとして、大王は「食封《じきふ》」(一定戸数の人民を給し、その租税・労役を与えるもの)を与えた。これにより豪族はそれまで以上に官僚としての性格を強めることになる。

そのため、古くから大化改新を「天皇権力の回復」であると捉えるのが通説であった。天皇をないがしろにした蘇我氏を滅ぼして、いったん衰えた天皇権力を回復するところにまず大化改新の眼目があったという見解だ。しかし戦後はそれだけではなく、政策上の改革についてその意図や意義が深く論じられるようになった。

改新の原因・海外情勢と国内要因

多くの研究者が一致して改新の原動力と認めているのは、当時の海外情勢である。641年、唐の太宗が高句麗征討の計画を進める中で、その翌年高句麗では重臣の泉蓋蘇文《せんがいそぶん》が王宮に乱入して王から大臣まで百人あまりを殺すクーデターを実行し、実権を握った。百済でも642年、政変が起き、義慈王《ぎじおう》が一族の王子「翹岐《ぎょうき》」らを倭国に追放し、高句麗と結んで新羅侵攻を開始した。攻撃を受けた新羅では善徳女王が唐に救いを求め、これを受けて唐の太宗は644年、高句麗征討を決意するのである。こうした緊迫した国際情勢が当時の倭国にも危機感を与え、乙巳の変を誘発したであろうことは、今ではほとんどの学者が認めている。

国内的な要因としてはどういったことがあったのか。当時、強い権力をもっていた蘇我氏～蝦夷・入鹿～に対し、諸王族・諸豪族の間に反感が募っていたことは想像がつく。亡き聖徳太子の一族(上宮王家)を入鹿が滅ぼしたことも憂慮されていたかもしれない。いったん蝦夷・入鹿父子が殺されると、その後、ほとんどの王族、豪族が改新派にまわったことを見ても、彼らへの反感が実は底流に広まっていたらしいことがうかがえる。ただこれは、現代の言葉でいえば、「政局」のレベル～権力抗争～の問題であって、政策上の問題ではない。

政策の上で蘇我氏を滅ぼさなければならない理由は何だったのか。改新政権がその後に実行した政策というのは、蘇我氏を滅ぼさなければ実現できないものだったのか。この点は研究者によっていくつもの視点が示されており、答えは簡単ではない。

関晃の大化改新論

関晃は、この大化改新を行った主体は、天皇ではなく「朝廷を構成する中央勢力全体」であったという。大化改新とは、彼らが「緊迫する海外情勢に対応するために、国力を急速に集中発揮できるような高度に中央集権的な支配体制に急ぎ切り替えようとして行なった政治改革」であるとするのである。「朝廷を構成する中央勢力全体」とはつまり畿内豪族のことである。主体が畿内の豪族たちであるから、「その結果成立することになった律令国家の権力構造は、必然的にかなり貴族制的な役割が強く、専制君主というには遙かに程遠いものとなった」。より具体的には大化改新のねらいとは、「畿内の豪族が、それまで朝廷の指導権には服しながらも多かれ少なかれ人民に対する支配権を分有していた地方豪族から、その権力を決定的に回収しようとしたもの」だと言うのである。

刺激的な論ではあるが、疑問がないわけではない。蘇我氏ももちろん畿内豪族の一員である。地方豪族からその権力を回収するにあたって、なぜ蝦夷や入鹿が滅ぼされなければならなかったのか。その理由は見当たらない。この点、関の説ではいささか説得力に欠けるように思われる。

そもそも関は、大和政権の支配体制を「中央・地方の大小の豪族」が「全体で支配層を形成し、その中で特に中央勢力すなわち畿内地域の諸豪族が世襲の君主である天皇を戴いて朝廷を構成し、その全体の力で全国を抑えていた」としている。関は、大和政権の中で5世紀末ころから天皇の権力が衰えていった反面、豪族の力が上がってきたことによって貴族共和制的な政権になったことを述べているが、先にも述べたように大和政権のもうひとつの本質である畿内が地方を支配するという面については、それがいつごろどのようにして出来上がったのか、触れるところがほとんどない。

関は、大化改新によって畿内豪族が地方豪族のもつ権力を「決定的に回収しようとした」のだと述べているけれども、疑問なのは改新前夜、たしかに国際情勢が緊迫化し、権力を集中する必要があったとしても、当時中央の勢力と地方豪族との間にそれほどの対立があったとも思えないことである。もう既にそのころには地方豪族の独自の権力はかなり中央に回収されていたのではないか。たとえ当時それを徹底する必要があったとしても、蘇我氏の存在がその障壁になるわけではないことは、先にも指摘した。蘇我氏は中央豪族のまさに代表と言える存在なのだから、地方豪族の権力を回収するにあたって彼らを倒さなければならない必然性は見あたらない。

井上光貞の大化改新論

井上光貞は、推古朝政治を律令制国家形成の先駆的なものではないとする関とは異なり、推古朝を「律令の部分的摂取」の段階と位置づける。冠位十二階は当時の百済の官位制度の影響を受けて作られたものであり、十七条憲法も「律令のめざすのと同じ国制への理想をかかげた点でこれに類するもので、ある意味からすると律令の全面的摂取の思想的前提をなすもの」とされる。

これに続く段階の大化改新は、井上によると「律令の全面的な摂取を開始した」ものと位置付けられる。「大化改新は、推古朝に隋につかわされ、かの地に長期滞在した留学生をブレインとしておこなわれた政治改革であった」。「大化の新政府が律令の体系的摂取を始めたのは大化元年に始まる改新の時期で、そのブレインの人々はこれより先、舒明朝に帰国したのであるから、かれらが将来して範とした律令法典は、624年施行の武徳律令か、637年の貞観律令であったであろう」と推測したのである。

但し井上の言うとおり、大化改新が推古朝の政治を継承し発展させたものであるならば、なぜ推古朝政権を主導した蘇我氏が打倒されなければならなかったのか。ここでもこういう疑問が湧いてくる。これについて井上は、推古朝は「全体としては蘇我氏の時代だけれど、そのなかであの時期には聖徳太子が力を持っていた」と考える。だから「推古朝の政治はやはり大化の政治改革の前提をなすものである」とする見方とは矛盾しないのである。ここに井上と関の考え方の違いがあると言えよう。

石母田正の大化改新論

もうひとつの考え方は、6世紀から7世紀中葉までのいわゆる大化前代の支配体制〜「王民制」～が、「それ自身の矛盾によって解体」していく中で、大化改新が起きたとする石母田正の説である。石母田は、大化前代の支配体制を「王民制」と呼ぶ。具体的にはそれは、部民制や屯倉制を土台とする秩序と、国造制を土台とする秩序という、二つの秩序によって成り立っていたとする。

そして王民制のそれ自体の「内部矛盾による解体と行きづまり」の中から、新たな体制が生まれたとする。具体的にはそれは、従来の氏ごとの「タテ割り」的体制から、「人民を居住地において地域的、包括的に把握し、編戸し、それに対応して権力を重層的に構築する領域国家」への転換であったという。

「部民」というのは、正確には豪族や王族の純然たる私有民ではない。大王(天皇)の民であることが前提での、いわば「半私有民」なのである。しかし大化改新前夜にはその前提が崩れかけ、「王民の「私民」化が進行し、統一体を解体させ、混乱させる現象」が起きたという。各豪族が競って「私」の利益の拡大に走り、対抗していく状況だったというのである。

国造制から律令制へ

石母田が大化前代の制度の中で、大化後につながるものとして重視するのは、国造の制度であった。国造とは、もともと地方を統治する豪族たちで、彼らは大王に服属を誓うと改めて「国造」に任命され、もともと治めていた土地（「国」）の統治を任されたのであった。大化改新以後、彼らが治めていた領域は「国」から「評《こおり》」と名を改められ、彼らは「国造」から「評督《こおりのつかさ》」となった。のち大宝元年に大宝令が制定されると、評は郡となり、彼らは評督から郡司となった。国―郡―里（郷）という地方制度のことである。

石母田が特に評価するのは、出雲とか播磨とかいった令制の国に相当する規模を治めた「大国造」であった。部民制・屯倉制の「タテ割り的秩序」に対して、国造の領内では「領域による統治・秩序」が行われていたというのだ。

石母田は部民制や屯倉制に基づく「伴造的原理」を否定して「国造的原理」を「国家の構造の基本とするという選択」が改新にはあったと言い、それは従来の「王民制的秩序が、その固有の矛盾によって解体に瀕していた」状況で、「国造とくに大国造における領域的支配の発展」によって国を統治していくことに他ならなかった。これを「国家の政策として、系統的かつ全国的に施行すること」、それが「王民制から公民制」への転換であり、大化前代から大化改新へという新しい国制の始まりなのだと考えたのである。

それまでの蘇我氏主導の時代の「王民制」に矛盾が生じ、行きづまりが拡大したためにクーデターが起き、これに代わって政権を掌握した新政権が新しい「国家」を創出したのだ、というのが大まかにいえば石母田正説といえよう。これは蘇我氏政治の行きづまりが改新の原因だということになる。

蘇我氏外交の行きづまりか？

たしかに、それまでの政治に限界がきていたのはそのとおりであろう。石母田は、外交においても蘇我氏主導の方式に行きづまりが生じていたと見る。推古朝における、親百済、親百済系渡来人の外交を、石母田は蘇我方式と呼び、聖徳太子の親新羅、さらには新羅と親しい唐と結ぼうとする外交を太子方式と呼んだ。それが640年代になると、唐の高句麗征討を目前とした朝鮮三国の緊張状態と政変、権力集中を招いた。そうした状況から、皇極朝に蘇我入鹿による専制体制が始まるという。

先にも述べたように、高句麗では有力者の泉蓋蘇文が王、大臣以下百名以上を惨殺して傀儡《かいらい》の王を擁立し、専権を振るった。これも大国唐が自国へ侵攻してくる恐れを前にしての政変であった。その直後、倭国で入鹿が山背大兄王を滅ぼした事件が、当時の有力豪族たちに高句麗の恐怖政治を連想させ、「恐怖状態をもたらした」と石母田は想像する。こうした「むきだしの専制支配」への反発、そこからの「活路として、大化改新における権力核となる勢力が形成された」と言うのだ。

石母田の推測したとおり、本当に従来の親百済の蘇我氏外交が、唐、新羅の台頭によって行きづまりを見せていたのか。山背大兄王殺害に代表される、入鹿による専制政治・恐怖政治への反発が有力豪族の中に鬱積していたのだろうか。現在の研究蓄積からすれば、半世紀前の石母田の考察には修正すべき点がいくつかある。

外交が改新の原因か？

まず蘇我氏が親百済外交、聖徳太子が親新羅外交で対立していたという理解が、必ずしも正しくない。太子の仏教の師は高句麗僧恵慈《えじ》であり、この僧は法興寺（飛鳥寺）にいた。また太子が外典《げてん》（仏教以外の古典）を学んだのは、百済出身と見られる「博士覚哿《かくか》」からであった。推古十八（６１０）年に新羅・任那の使者が倭国に来たときも、大臣蘇我馬子はこれを迎接している。決して新羅をないがしろにしたわけではない。蘇我氏と秦氏も対立的な状況にあったことはなかった。馬子と太子の外交を対立したものと見るのは当たらないだろう。

６３１年、唐から来た使者「高表仁《こうひょうじん》」と倭国の「王子」が「礼を争い」トラブルとなって、結局高表仁は唐の皇帝から托された国書を述べることなく帰国したことがあった（「旧唐《くとう》書《じょ》」倭国伝による）。この失策の原因を作った「王子」を、石母田は入鹿ではないかとする。普通ならば当時の有力王族の「古人大兄王子」か「山背大兄王」と想像するところだろう。

しかし石母田は「唐使が国政を掌握する大臣蝦夷の子を「王子」と誤認することはあり得ること」だとした。この事件以後、大化改新まで遣唐使が送られていないことをもって、親百済の蘇我氏外交の失策と見るのである。

しかし本当に内政、外交双方とも、蘇我氏の政策は行きづまっていたのだろうか。唐の使者と争い、唐との国交を断絶させてしまった高慢な「王子」を入鹿ではないか、というのは、蘇我氏に対する偏見が混じっていないだろうか。

近年では、大化改新の原因に外交政策の違いを見る説はあまり支持されていないようだ。大津透氏は乙巳の変の原因について「それが外交政策上の対立であったかについては、いろいろな説があり定説をみない」とし、「蘇我氏にしろ改新政府にしろ、明確な外交方針が確立しているとも思えない」としている。森公章氏も「蘇我本宗家討滅の背景に外交路線の対立を想定する意見も呈されている。しかし、孝徳朝の外交は従来の均衡外交を踏襲したもので、殊更に大きな変化は看取できない」と述べている。私もこれに同意見である。

なぜ蘇我氏は滅ぼされたか

山背大兄王一族を滅ぼした事件に関しても、入鹿一人の独断ではなく、他の王族・豪族も参加していたことが、『藤氏家伝』には記されている。『上宮聖徳太子伝補闕記《ほけつき》』には「軽王」、のちの孝徳天皇も襲撃に参加していたとある。近年ではこの点が重視されるようになり、決して入鹿の独断専行だったわけではないことが認められている。

では、内政においてはそれまでの体制に行きづまりが生じていたのだろうか。石母田の言うように、これまで続いていた部民制や屯倉制、国造制、これら大化前代の制度が解体の危機に瀕したため、これを超える制度を実行していくために障害となった蘇我蝦夷・入鹿は滅ぼされたのだろうか。

大化改新の原因は何だったのか。なぜ蘇我蝦夷・入鹿は滅ぼされたのか。考えてみると、不思議なことなのであるが、改めて問うてみよう。

ひとつは古くより言われている、また『日本書紀』もそのように記す、蘇我氏がこれ以

蘇我入鹿の首塚

上力をふるうことへの危機感。やがては天皇を超える存在となり、これに取って代わるのではないかという危惧である。これは否定できないと思う。そこから天皇権力の強化を求める声が高まってきたのであろう。『日本書紀』には、入鹿を殺そうとした中大兄皇子が、

鞍作（入鹿）は、天宗（天孫）を尽《ことごと》く滅ぼして、皇位を傾けようとしています。どうして天孫を入鹿に代える事が認められましょうや。

驚く皇極天皇にそう言ったという。ここで言っている、入鹿が自ら天皇家に取って代わろうと企んでいるというのは、どこまで本当かわからない。入鹿がこのとき、次の天皇に推していたのは古人大兄皇

子であって、少なくともこの時点では自分が天皇になろうとは思っていなかった。ただ、皇極天皇が入鹿の傀儡のような存在になってしまっていたことは次の記事からうかがえる。

大槻の下の誓盟

これは大化新政権の発足直後に、飛鳥の大きな槻《つき》の木の下で、孝徳天皇、皇極、中大兄皇子、群臣たちが集って誓い合ったという誓盟である。『日本書紀』孝徳天皇即位前紀の注に収められている。

乙卯、天皇と皇祖母尊（皇極）、皇太子（中大兄皇子）が、大槻の樹の下に群臣《まえつぎみ》を招集して盟《ちか》われた。曰く。（天神地祇に告げて、「天は覆い、地は載せる。帝道は唯一である。而るに末の代となり、人情が薄らぎ、君臣の秩序が失われた。そこで皇天（昊天《こうてん》上帝《じょうてい》）が我が手を借りて、暴虐の徒を誅滅された。今、共に心血を瀝《し》たたらせる。今より以後、君は政《まつりごと》を二つにすることなく、臣は朝廷に二心《ふたごころ》をもたないことを誓う。も

蘇我馬子が創建した飛鳥寺の飛鳥大仏

し此の盟に背いたら、天は災し、地は妖し、鬼が誅し、人が伐つであろう。その明らかなことは日月の如しである。」

要約すると、①かつては存在した君臣の秩序が今は失われてしまった。②そこで天が我が手を借りて暴徒蘇我氏を滅ぼした。③今後、天皇は政治を二つにすることなく、臣下も朝廷に二心をもたないと誓う。④もしこの誓盟を破ったら、天や地は災いをもたらし、鬼や人がその者に天誅を下すであろう、というものである。

ここで君（天皇）が誓ったのは「政を二つにしない」、すなわち「政権を二つに分けるようなことをしない」、臣下が誓ったのは「朝廷に二心をもたない」、「天皇に背かないということであった。しかしお互いがこれを誓うということは、今まではそれに反することをしていたということに他ならない。つまり、皇極は自らの権力の半分を入鹿に渡してしまっていたのである。また群臣たちは天皇よりも蝦夷や入鹿に靡《なび》いていたのであった。こうした過去を反省し、お互いそうしたことを二度としないと誓ったのである。

蘇我氏誅滅の正当化

皇極朝のこうした事態に危機感をもち、クーデターを強行したのが中大兄皇子であり、中臣鎌足だったのだろう。彼らは、「皇天が我が手を借りて、暴虐の徒を誅滅された」と言うことによって、このクーデターを正当化した。天命思想によって蘇我氏誅滅を正当化したのである。

大化改新の原因の二つ目は、繰り返し述べている国際情勢の緊迫化とそれによって高まった危機意識である。場合によっては、唐の来襲に備えて自衛力の強化や戦争といった、これまでにない大規模な事業も必要になる。いざというときのために、これまで各王族や豪族ごとにタテ割りで運営されてきた権力と富をできるだけ集中させておくことが望まれたのであろう。これは入鹿も認識を共にしていた。

『藤氏家伝』に山背大兄王を滅ぼすことを「諸王子」と共に「謀る」とき、入鹿がこのように発言したとある。

蘇我入鹿の墓との説がある菖蒲池古墳

今まさに舒明天皇が崩御され、皇后（皇極）が即位されたけれども、心では必ずしも安心できない。どうして今の状況で乱が起きないと言えようか。山背大兄王は母方の親戚ではあるけれども、そのことに構わず討伐し、そうすることで国家の計《はかりごと》を為そうと思う。

有力な王位継承候補者である山背大兄王がいることで、皇極天皇の治世が不安定な状態に置かれるため、あえて王を討伐することで政治の安定をもたらし、その上で「国家の計」を為そうと思う。この入鹿の考えに見られる「国家の計」とは何であったのか、今となっては不明という他ない。しかし少なくとも言えるのは、これは山背大兄王のような政権にとって憂慮すべき存在である有力王族が存在したのでは実行できないような、かなり思い切った計画だったのではないか、ということである。あらかじめ対抗する勢力の芽を摘んでおいた上で、かなりの反発が予想される大改革を、彼は断行しようとしていたのではないか。国際的な視野のもとに立案された改革を、入鹿は断行しようとしていたのではないだろうか。

世代間の危機感の差

直木孝次郎氏は、当時の緊迫した国際状況について述べた後、「内政改革の推進は、日本でも避けられない問題であった。その主導権を、古人大兄を擁する蘇我蝦夷・入鹿父子がとるか、中大兄皇子を奉ずる中臣鎌子（藤原鎌足）が先んずるか、政局はきわめて微妙であった」とし、「いずれの手に指導権がにぎられても、唐にならった政治が指向されたと思われる」と述べている。大局的には蘇我氏も改新側も指向した政策に大差はなかった。問題はそれを誰が行うかだった。これをめぐって両者が激突し、最後に乙巳の変に至ったと言うのだ。こうしたことも歴史の中では起こりうることである。

かつて私自身もこれに近い考えを述べた。改新政権において国博士という政策立案の役職についた僧旻《そうみん》と高向玄理《たかむこのくろまろ》。二人はいずれも隋唐に二十年以上留学した人物で、特に僧旻はもともと飛鳥寺の僧侶であった。『藤氏家伝』によれば彼は帰国後、私塾を開き、「群公の子弟悉く」（有力豪族の子弟ことごとく）を前に『周易』（『易経』）を講じたという。その中に入鹿もいたし、鎌足もいた。『周易』は、単なる占いの書というばかりでなく、革命の書でもあった。当然、最新の唐の国家制度、政治についても講じられたに違いない。その中で入鹿が最も優秀な弟子だったという。僧旻は、

吾が堂に入る者、宗我太郎《そがのおおいらつこ》に如《し》くはなし。（我が仏堂に出入りする者の中で、宗我太郎〈蘇我入鹿〉に匹敵する者はいない）

と言ったというのだ。大陸帰りの僧旻の講義が、若い入鹿や鎌足に唐を模範とした国家制度の構築を夢見させたに違いない。この点で、入鹿と鎌足に違いはなかったはずであろう。直木氏が言われたとおり、問題はそれを誰がやるかだったのではないか。そしてこの点において、若い世代の入鹿や鎌足たちと、旧世代の皇極、蝦夷らとの温度差を見る思い

がする。

入鹿が山背大兄王を滅ぼしたとき、蝦夷は子の所行に怒ったという。また息子中大兄らが入鹿を目の前で惨殺したとき、母皇極は動揺を隠せない様子であったという。『藤氏家伝』には、中大兄皇子がクーデターをあらかじめ母である天皇に告げるかどうか、悩むくだりがある。しかし鎌足は教えることには反対し、皇子もこれに従った。入鹿に漏れることを鎌足は危惧したのだろう。ここに、天皇家、蘇我氏双方に世代間の対立のあったことがうかがえるのではないか。

松本清張の「大化改新＝横取り」論

入鹿、鎌足二人が僧旻を尊敬していたらしいことを思うと、入鹿の構想も同じ危機意識から生まれたもので、共に唐制を取り入れていこうとするものであったと想像する。この点で、旧著『謎の豪族　蘇我氏』でも紹介した、松本清張の説に惹かれる。清張は「中央政権的な官司制度は、蘇我氏が前から豪族連合である氏族制度のもとで実質的に進めていた

難波宮跡

もので、天智とその側近は、それを横どりしたにすぎない」と述べる。「蘇我氏の開明性・進歩的文化性」が「古代の氏族制度を近代的な官僚制度に脱皮させた」のであって、これに「天智・天武による律令制度が継ぎ足されて完成」したという。しかし、

その熟した時に実《み》は他人の手によって刈られ、

その幹は根元から倒された。

と表現した。私もおそらくそうしたことではないかと思う。

大化の新政権は、難波に新都を建設する。難波長《なが》柄豊碕《らのとよさき》宮が完成したのは白雉三（652）年九月のことだった。上町台地の北端に近い、現在の大阪市中央区法円坂町である。難波の地は港にも近く、国

際的にも重要な地であった。それまでは飛鳥周辺に居を構えていたであろう有力豪族たちもここへ移ったものと見られる。この大事業の完成には、多大なる国費が投入されたであろうが、大化以来の新たな制度のもとだからこそ、可能になったのだろう。

以後、国家的な造営や国防の強化、海外派兵など、潤沢な財政基盤があって初めて可能な事業が、立て続けに実行されていく。大化改新による権力と富の集中の結果と感じずにはいられないのである。

史上初の生前譲位

乙巳の変のクーデターのあと、皇極は退位し、そのあとを弟の軽皇子《かるのみこ》が即位した。孝徳天皇である。『日本書紀』の語るところでは、史上初の生前譲位ということになる。私自身は、5世紀末ころ飯豊皇女が生前に中継ぎとして王位を継ぎ、その後、顕宗天皇・仁賢天皇に王位を譲ったという『古事記』の記事を重視している。しかしこれは史実であったとしても皇極朝より百六十年ほども前のことでもあるし、飯豊皇女が正式に大王の位についていたかどうかも微妙ではある。少なくとも、これが皇極朝の譲位に直接つながるものとは考えていない。

一方で、この皇極から孝徳への譲位を重要視する見方もある。たとえば、荒木敏夫氏は「大王の『終身性』の慣行に終止符を打ち、生前に大王位を交代する途を切り開いた」とし、吉村武彦氏は、それまでの「群臣推挙」という手続きを経てきた王位継承方式とは異なり、「国王の意志に基づく王位の継承」で、「画期的な事件」だと評価している。遠山美都男氏は、「乙巳の変」とは「軽皇子を次期大王にと推す一派が、武力行使によってその障害物を除去し、皇極から孝徳へという我が国史上最初の計画的な生前譲位を断行しようとするもの」だったとしている。これらの見解は、このときの生前譲位を大王家が群臣（有力豪族）の意志を介さず、自らの意志のみで次期大王を決定した、という点を重視し、譲位の始まりを大王の権力の強化の表われと見ているのである。

しかし皇極がなぜこのとき皇位を降りなければならなかったかを考えれば、必ずしもこういった見方は当てはまらないのではないか。『日本書紀』の本文には入鹿の専横のふるまいについては詳しく述べているが、皇極がそれを許していたことにはあまり触れない。
しかし、『藤氏家伝』には入鹿のことを
（天皇に）寵幸されていた近臣の鞍作（入鹿）は、威厳と恩恵で他人を従わせ、その権勢は朝廷を傾けようとする勢いであった。
あるいは、
にわかに舒明（崗本）天皇が崩御されて皇后（皇極）が即位された。王室は衰微し、政《まつりごと》は君に拠《よ》らずに行なわれた。
と記す。『日本書紀』の本文は、蝦夷・入鹿の専横は記すが、それが大王の権威を貶《おとし》めるものだったとまでは記されていない。このあたり『日本書紀』の本文の描写はなかなか周到だ。また入鹿が天皇（皇極であろう）の「寵幸の近臣」であったとも記していない。しかし同じ『日本書紀』でも注に引用されている（つまり本文より格下の扱いである）前掲の大槻の下の誓盟には、そのことが記されていた。
君は政を二つにすることなく、臣は朝廷に二心をもたない。

主君すなわち天皇自身が入鹿に権力の半ばを譲渡してしまっていたこと、豪族たちも天皇よりも入鹿に忠誠を尽していたことが、逆の意味で告白されているのだ。

なぜ皇極は譲位したか

もともと皇極の即位が、古人大兄皇子、山背大兄王、中大兄皇子など数名の有力王族がいる中で一人には決めがたいためであったというのが、かつての通説であった。井上光貞は、彼らの「いずれが即位しても政情の不安をかもしだすおそれがあった」とし、皇極の即位は「おそらくそのためであろう」としている。直木孝次郎氏も「次代の天皇は容易に定まらなかったが、そうした場合の窮余の策として先帝の皇后である宝皇女（皇極）の即位となった」としている。

ということは、いずれかの時期に皇極は山背大兄王か古人大兄皇子か、軽皇子か中大兄皇子に生前譲位する予定だったのではないか。このうちまず入鹿と軽皇子らによって山背大兄王が殺害されたことで、候補者が一人消えた。入鹿は皇極に早く自分たちの推す古人大兄皇子に譲位するよう強く迫っていたのであろう。皇極としてはもう数年時間稼ぎをして自分の産んだ中大兄皇子に継がせたかったであろうから、その軋轢《あつれき》に悩んでいたのかもしれない。

乙巳の変は、蝦夷・入鹿が殺されたというだけではない。皇極の譲位もある意味ではセットだったと見るべきだろう。彼らを跋扈《ばっこ》させてしまった責任を天皇自身もとったのだと私は考える。

もちろん皇極はクーデターの張本人である中大兄皇子の母であるから、彼女の名誉も考慮した形をとったと見られるが、この譲位を「大王家が群臣（有力豪族）の意志を介さず、自らの意志のみで次期大王を決定した王位継承」などと評価するのは、いささか買いかぶり過ぎのように思う。

孝徳天皇の即位

こうして皇極は皇位を生前譲位し、その後継に弟の軽皇子（孝徳）が立てられた。このときなぜ軽皇子が即位したのか。またなぜ中大兄皇子はこのとき即位しなかったのか、いくつかの疑問点がこれまでも論じられてきた。『日本書紀』や『藤氏家伝』の記事を読むと、孝徳天皇は影が薄く、傀儡的な天皇だったようにも見えるが、近年では大化改新の主役は孝徳天皇だったという見方も、門脇禎二、遠山美都男などのように出てきている。

これについて『日本書紀』の記述は以下のように伝える。

皇極は、息子の中大兄皇子に皇位を伝えようとし（譲位しようとし）て、詔をした。これを承った皇子は、退出して中臣鎌子（鎌足）に相談した。鎌子は、「古人大兄は殿下の兄であり、軽皇子は舅《おじ》です。今まさに古人大兄がおられます。しかるに今、殿下が即位されたら、人の弟として謙遜の心に違うことになりましょう。且《しばら》く、舅《おじ》（軽皇子）を天皇に立てて民の望みに応えるのがよいのではありませんか。」この意見を喜んだ中大兄皇子は、密かにこれを皇極天皇に奏聞した。

こうして皇極から軽皇子への譲位が決まったというのである。

これに対応する伝承が鎌足の伝記である『藤氏家伝』にもあるが、内容はほとんど同じである。

『藤氏家伝』と『日本書紀』の比較

『藤氏家伝』が『日本書紀』と異なるのは、右に続く以下のくだりである。次の言葉は『日本書紀』にはない。

実にこれ（孝徳の即位）は大臣（中臣鎌足）の本意である。識者は言う。「君子は食言せず（嘘をつかない）。すべてその行動に証明されるものである」と

孝徳の即位は中臣鎌足が約束を守った結果、実現したものだと言っているのである。それはいつの、どのような約束だろうか。これは、改新前の以下の記事を踏まえている。かつて鎌足は、蝦夷・入鹿打倒を共に図りうる人物を探していたところ、足の疾病で宮に下がっていた軽皇子と親しくなって、側近く仕えるようになった。軽皇子も鎌足のすぐれた人格や知恵や計略に感服し、自らが寵愛している妃（『日本書紀』には「阿倍氏」とあるが、『家伝』にはない）を鎌足のもとに賜い、仕えさせたという。これに感動した鎌足は、軽皇子

の舎人《とねり》にこう言った。

『日本書紀』

誰が軽皇子を天下の王にさせないでおりましょうか。（誰か能《よ》く天下に王たらしめざるや。）

『家伝』

どうして汝の主君を帝王にさせないことがありましょうか（豈、汝が君をして帝皇に為すこと無けんむや。）

『日本書紀』の言葉と、『家伝』の言葉には微妙なニュアンスの違いがある。私には後者の方が、より積極的に自らが尽力して軽皇子を天皇にする意志を明らかにしているように思えるが、そのあとに『家伝』にしかない一文がある。

『家伝』

君子は食言せず。その行により見《あら》われたり。（君子は言ったことは実行する。その行動によって証明されるものである）。

「将来あなたを天皇にします」と鎌足は約束した。そのときの言葉を守ったというのである。

次の文章は、再び双方にある。

舎人は鎌足と語らった言葉を軽皇子に伝えた。軽皇子は大いに喜んだ。(『日本書紀』)

舎人がその鎌足の言葉を伝えると、軽皇子は大いに悦んだ。(『家伝』)

が、そのあと再び『家伝』にしかない一文が見える。

然るに、皇子の器量は共に大事を謀るには足りなかった。(『家伝』)

寵愛する妃を下賜された恩に感じて「あなたを天皇にします」、と約束はしたものの、軽皇子の器量に天皇たるには足りないものを、鎌足は見たのである。『日本書紀』にはこの一文がないため、次の文章との接続が不鮮明になってしまっている。次の文章とは、

更に主君を択《えら》ぼうとして、王族を順に詳しく見たところ、唯、中大兄のみが勇気があり英明で、共に乱を治めるに値する人物だと判断した。

これは『日本書紀』も『藤氏家伝』も共通する。ただ「皇子の器量は共に大事を謀るには

足りなかった。」という一文のない『日本書紀』では、鎌足は軽皇子をいったん将来天皇に立てることを約束しておきながら、なぜその上さらに王族の中に交わり、「功名を立つべき哲主」を探し求めるのか、その必然性が感じられない。すでに横田健一氏が指摘している通りストーリーとして展開に無理があるのである。

『日本書紀』の矛盾

ここまで見てきたように、乙巳の変に至る経緯を伝える『日本書紀』と『藤氏家伝』の記事はおおむね一致するものの、一部に食い違いもある。おそらくこの二つはもとになる共通の原史料～横田健一氏はこれを仮に「入鹿誅滅物語」と名づけた～があって、それにもとづいて書かれたいわば兄弟関係にあるのだろうと推測されてきた。その場合、この食い違いに関しては、『日本書紀』よりも『藤氏家伝』の記事の方がより古くできたものだろうと考える。

『日本書紀』は軽皇子の「器量が大事を謀るには足ら」ざることを書くのをさすがに憚った

のに違いない。原史料には存在したこの一文を、写すことはしなかった。ただそのためにいささか、文脈に説得力の欠けることになっている。

また『家伝』には「君子は食言せず、遂にその行に見はれり」とあるが、これは器量の足りない軽皇子ではあっても、あなたを天皇にします、といった約束を鎌足は守ったことを指している。この部分も『日本書紀』では省かれているが、偶然とは言えない。

「且く舅を立て」という語

ただ、鎌足は中大兄に対して、「且《しばら》く舅《おじ》を立てて以って民の望《ねがい》に答はば、亦可《よ》からずや」と言った。「且《しばら》く」である。私はこれまで数えきれぬほど、何度もこの個所を読んできたはずだが、「且く」とあるのを読み過ごしてきたことを告白しなければならない。この「且」は重要である。鎌足は中大兄に対し、軽皇子の治世は「且く」の間のものであって、いつまでも続くものではない。その後に、中大兄の即位の機会が来る、だからここはいったん軽皇子に譲った方が賢明であると進言しているのだ。

この「且く」を看過してきたのは、おそらく筆者だけではあるまい。近年の代表的な論者の著作を見ても、たとえば森公章氏の人物叢書『天智天皇』の当該個所には、

六月十四日、皇極天皇は譲位を決意し、初めて天皇家が皇位を独自に決定する方式が実現した。『日本書紀』孝徳即位前紀や大冠織伝には、当初中大兄への譲位が企図されたが、中臣鎌足の進言もあって、年齢や舅甥の順序によって軽皇子が推されたとある。

その後の文章にも、「且く」には触れるところがない。遠山美都男氏の『天智と持統』には、このときの鎌足の文章が現代語訳されて掲げられているが、

古人大兄は殿下の兄君、軽皇子（孝徳天皇）は殿下の叔父君にあたられます。これらの御方をさしおいて殿下が即位なされば、それは人の弟として恭しくへりくだるという精神にもとることになります。いまは叔父君を天皇にお立てになり、民の望みに答えるのが上策といえましょう。

とあるように、「且く」という文言が的確には訳されていない。当然論考の中にもこの

語のもつ意味が顧慮されるところはない。

熊谷公男氏の『日本の歴史03 大王から天皇へ』でも、蝦夷が自刃した翌日、皇極天皇は中大兄皇子をよんで譲位の意志を伝えた、中大兄は即答を避け、鎌足に相談する。鎌足は、兄の古人大兄が健在なのに、それをさしおいて即位するのはよくない、ここは叔父の軽王を大王に立てれば人望も得られるでしょう、と答えた。

とある。ここでも「且く」という語は顧みられていない。

生前譲位の密約か？

重ねて言うように、「且く」軽皇子を立てて、というのは、暫定的な即位であり、いずれは退位してもらう、という意味であろう。当時の大王は多く終身在位であったけれども、皇極と同じく孝徳天皇（軽皇子）にも一定の時期が来れば退位してもらおうという構想のあったことが、この一語からうかがえる。もちろん当該記事がどこまで史実を表わしているのか、慎重な検討が必要なことは言うまでもないが、少なくとも『日本書紀』と『家伝』の記述ではこのように書かれているのである。この事実は等閑視できないであろう。『日本書紀』の記載を揺るがせにはできない。

この記載から推測するならば、もともとこうした生前譲位の内約が、鎌足を介して孝徳天皇と中大兄の間に交わされていたのかもしれないとも考えられる。それは「器量」(政治的力量)の不足している皇子を天皇にする代わりに、いずれはより能力の高い中大兄皇子に譲らせようとの謀りごとの可能性も高い。

のち、孝徳と中大兄皇子の間には、難波京から飛鳥京への還都をめぐって対立が生じ、孤立した天皇は失意のうちに崩ずる。しかしこの対立も、その本質にはそろそろ譲位を望んでいた中大兄皇子と、それを拒んだ孝徳天皇との間の軋轢が原因になっているのかもしれない。

斉明天皇の即位

大化改新から約十年後、孝徳天皇が崩御し、皇極が再び皇位についた。斉明天皇である。これは史上初の重祚《ちょうき》となる。彼女は生前譲位した初めての天皇だが、再び皇位についた初めての天皇でもある。むしろこちらの方が重要かもしれない。

乙巳の変の時点では十八歳だった中大兄皇子もこのときには二十八歳、皇太子であった。なぜこのとき皇太子が即位せず、母であり、いったん皇位を降りた彼女が重祚したのか。それは孝徳天皇の晩年の状況から推してみれば理解できる。難波長柄豊碕宮にいた孝徳に中大兄皇子が飛鳥への還都を主張したのに対し、天皇はこれを拒否。しかし皇極、中大兄皇子、孝徳の皇后である間人皇女、さらに「公卿大夫《まえつぎみ》・百官《つかさつかさ》の人等」らは、すべて天皇の意志に背いて飛鳥に還ってしまう。孤立し難波京に残された天皇はそこで失意のうちに崩御。その後、即位したのが皇極すなわち斉明だった。最後明らかに孤立して亡くなった孝徳天皇は、生前のうちから天皇としての実権を失っていたと見ていいだろう。事実上の廃

斉明天皇陵とされる牽牛子塚古墳

位というべきだと私は思う。
本来であれば、そのあとは皇太子である中大兄皇子が即位すればいいのだが、それでは孝徳を引きずり降ろして皇位を奪い取ったかたちにもなってしまう。そこでかつて孝徳に皇位を譲った皇極が次の天皇となるのであれば、また彼女に戻るわけだから、悪い印象もないという理由があったのではないだろうか。

皇極と斉明、富と権力の違い

しかし皇極のときの入鹿の専権の前で影の薄かった女帝と、斉明のときの女帝ぶりとでは随分差がある。斉明は一代のうちにいくつもの大土木工事を起こし、当時の人々に「狂心《たぶれごころ》の渠《みぞ》」と批判された。また晩年には百済が唐と新羅に滅ぼされたあと、要請を受けて百済復興の援軍を送った（白村江の戦い）。この一見同じ人間とは思えないほどの落差をどう理解すればいいのか戸惑う。

しかしこの二つの時代の間に、大化改新による部民制の廃止と公民制の創出、国―評―五十戸という地方の公民支配の整備などのあったことを考えれば、決して不審なことはない。新しい国家制度によって政府の税収も大化前代とは比較にならない莫大なものに膨れあがったはずだ。

それらが、こういった大事業～難波京の造営、斉明の大土木工事、半島出兵～に費やされたのである。同じ天皇でも大化以前と以後とでは、その所有する権力・財力の規模にはかなりの差があったのだ。

第六章　天智・天武の時代と豪族

半島出兵した豪族たちとその帰還

白村江の敗戦は、国にとっても参戦した豪族たちにとっても誠に大きな痛手であった。いま試みに、このとき半島に出兵した豪族の名前を『日本書紀』から列挙してみよう。

「天智即位前紀」(662)八月(本文)

阿曇《あずみ》比羅夫連・河辺百枝臣・阿倍引田比邏夫《ひらふ》臣・物部連熊・守君大石《もりのきみおおいわ》

「同」九月条(本文)

狭井連檳榔《あじまさ》・秦造《はたのみやつこ》田来津《たくつ》

「天智紀」二年三月

上毛野君稚子《わくご》・間人連大蓋《はしひとのむらじおおがき》・巨勢神前《かむさき》臣訳語《おさ》・三輪君根麻呂・大宅臣鎌柄ら二万七千人

「同」五月

犬上君〔名を闕く〕

白村江の戦いと対外防衛

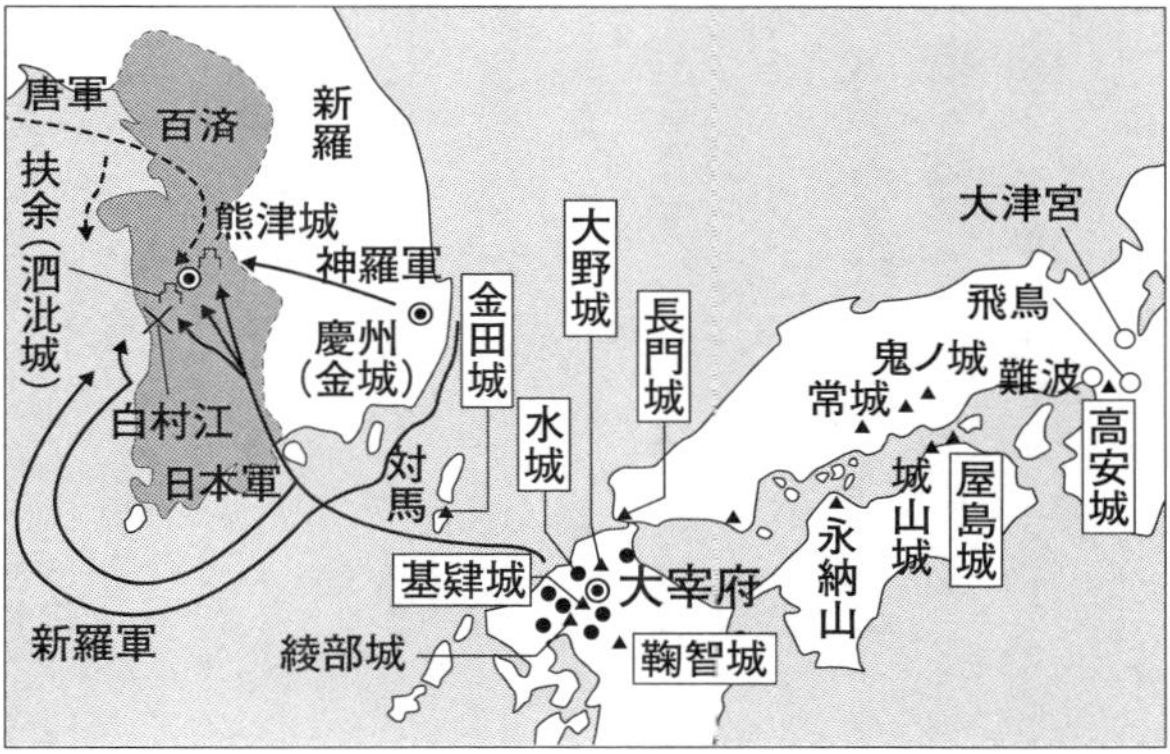

「同」八月

盧原《いおはら》君臣

総数何万人の軍勢が渡海したのか定かでないが、「天智紀」二年三月条に記されるだけでも2万7000人である。全体では少なくともその倍はいたのではないか。彼らが手痛い敗戦を受けて帰国してきたのである。もちろん現地で戦死した兵士もたくさんいた。私ども後世の者は、その後の経過を知ってはいるが、この海戦の大勝の余勢を駆って、唐と新羅の軍が九州まで追撃してくるのではないか、と倭国は懸念していた。まだ戦は終わったわけではなかった。帰国を急ぐ必要があったのである。

天智としてはこの敗戦を受けて国の体制を整え、多くの負担を強いられた豪族層の不満をできるだけ抑える必要があった。

甲子の改革

白村江の敗戦の半年後、天智天皇は新たな氏族政策を打ち出す。その年の干支をとってこれを甲子《かっし》の改革と呼んでいる。『日本書紀』天智三(664)年二月条に

氏上《うじのかみ》・民部《かきべ》・家部《やかべ》の事を宣ふ。

とある。また二十六階の冠位の制を設けた。「氏上」とは各氏族の代表者、族長のことだが、

大氏の氏上には大刀を賜ふ。小き氏の氏上には小刀を賜ふ。その伴造等の氏上には干楯・弓矢を賜ふ。

とあって、氏族の大小により刀や弓矢を与えたという。これにどういう意味があるのか。井上光貞は、これまでは氏族の中の人々がその代表者たる「氏上」を決めていたのを、こ

のときから朝廷が定めるようになったところに意義を見ている。また氏族の大小により刀や弓矢を与えたのは、「大氏」は「臣」、「小氏」は「連」に相当するもので、百済での戦いでの勲功が反映されたものと見る。

民部・家部の事を宣ふ。

をどう解釈するかは、複数の説がある。実はこの命令は、のち天武天皇四（675）年に覆されてしまう。

甲子の年に諸氏に給へりし部曲《かきべ》は今より以後、皆除《のぞ》け。

天智四（665）年に諸豪族に与えられた「民部＝部曲」はすべて廃止する、と天武は即位四年目に宣言したのだった。この「民部＝部曲」とは何か。また「家部」とは何か。かつてはこれらは大化の改革で廃止されたはずの豪族や王族の私有していた部民のことで、白村江の敗戦という政府にとって大きな痛手の中で、天智はこれを一部復活することで、政府に不満を抱きかねない豪族たちに妥協したのだという見方が有力視されていた。そのため改新は一歩後退したが、天武が皇位につくと再び「民部＝部曲」を廃止した。これが天武四（675）年の詔だと言うのである。

二つ目の説は、大化改新で部民制を廃止したとあるけれども、実はこれらの施策はすぐに実行されたわけではなく、あくまで「将来の青写真」を示したものだった。実際には天智四（665）年のときにその所有権を国家に移し、天武四（675）年になって「食封」の設定にとりかかったと見る説である。

改革の一歩後退か

前の説でいくと、天智はみずからが中心となって制定し実行した部民制の廃止を、白村江の敗戦という危機を乗り切るためにいったん豪族と妥協して、部分的にこれを取り下げた。いわば改革は一歩後退したけれども、その後壬申の乱で皇位を手にした天武はあらためて部民制の廃止を宣言し、以後日本は律令制の形成に邁進していくことになる。後の説によれば、大化改新の時点では部民制の廃止はほとんど着手されておらず（これは豪族の抵抗も強かったからだろう）、実際は天智朝、天武朝に段階的に実行されてきたのだということになる。

他にも説はあるのだが、筆者が有力と見るのはこの二説、特に前説にひかれる。この説はかつては有力とされていたものの、近年ではとる人が少ないのだが、大化の部民廃止を前提に考えるならば、その可能性は十分認められるのではないか。

「家部」についてもいくつかの説があるが、のちの奴婢に相当するような、豪族の所有する隷属民と見るのが、おおよそ一致した見解であろう。

百済亡命貴族の来日

敗軍の将兵の帰国船は、いつの世も疲弊と哀感が漂っているものだろう。白村江から倭国へ帰る幾多の船には、傷ついた倭の兵と共にこの敗戦で寄る辺を失った百済の貴族たちも多く同船していた。いわゆる百済亡命貴族たちである。

「天智紀」二(663)年九月二十四日条には、弖礼城《てれのさし》から日本に向かって出立した船の事が記されている。

甲戌、日本の水軍、及び佐平余自信《さへいよじしん》、達率木素貴子《だっそちもくすきし》、谷那晋首《こくなしんず》、憶礼福留《おくらふくる》、併せて国民等が弖礼城に至った。明くる日、船は発ち、始めて日本に向かった。

このうち「佐平」と「達率」は百済の官位で、前者は十六階ある最高位、後者は第二位のこと。「余自信」はおそらく王族、「木素貴子《もくすきし》」、「谷那晋首《こくなしんす》」、「憶礼福留《おくらふくる》」の三名は、のち天智十（671）年正月に「兵法《つわもの》にならえり」とある、軍人、軍略家であった。

百済王氏と鬼室氏

その後、「百済王豊璋《ほうしょう》」の弟、「百済王善光《ぜんこう》」が「難波」に居を定めた（天智三（664）年三月）。その子孫がのち百済王氏《くだらのこにきしうじ》を名乗ることになる。この善光とは、百済が滅亡したときの義慈王の子の禅広王（余禅広・善光）のことで、兄の豊璋と共に舒明朝に「人質」として倭国に送られ、長期にわたって滞在していた。663年に倭と百済の軍が白村江で戦った際も、兄の「豊璋」は本国へ帰ったが、「善光」は百済には帰らず、倭国に残った。

持統五（691）年に「余禅広」は「百済王」という名を与えられた。これは考えてみれば不思議なことで、彼らの百済での姓は、「余」だったのだが、にもかかわらず、倭国では「百済王」といういささか特異な名を与えられた。それは、白村江の敗戦後、国際的な試練を迎えていた日本(倭国)が、百済王を臣下にもつことで、帝国的秩序を築こうとしたからであろう。百済王氏は、奈良時代を通じて百済系豪族の総帥的な立場となっていく。

鬼室《きしつ》氏はもと百済の有力豪族で、その子弟が倭国(日本)に亡命して成立した渡来系豪族である。日本に初めて渡来した鬼室氏の人物は、「鬼室集斯《しゅうし》」で、白村江の敗戦の後、倭国に亡命したと見られる。天智四(665)年二月条で、「鬼室集斯」は「小錦下」(のちの従五位下相当)の位を「佐平福信の功を以て」、授けられたとある。

天智十(671)年正月是月条にも「小錦下を以て鬼室集斯〔学職頭に授く〕」とある。先の四(665)年二月条の重出の可能性があるが、ここでは「学職頭」という官職について いたことが知られる。これはのちの令制の大学寮の長官に相当する。そしてこの十(671)年正月条に、おそらく同族の「鬼室集信」が「大山下」(のちの従七位下に相当)を授けられた。彼は〔薬を解れり〕という人物であった。残念ながらこの人物以降、消息が知れない。現在、鬼室集斯の墓とされる石造物が滋賀県東近江市にあり、地元の人々によって守られている。

百済系農民の入植

百済亡命貴族の代表的な二氏を紹介したが、その後も継続的に百済や高句麗から国を失い、戦を逃れて日本へ移り住む渡来系貴族は続いた。天智は、なおも唐の侵攻に備えて、彼らのうち軍略に長けた者を国土防衛の整備のために、九州から畿内にかけての要地に配置した。一方で、唐との交戦を避けるための外交交渉を再開し、恭順の意を伝えた。唐の側もまた、獲得した倭兵の俘虜を返還するため、九州へ何度か大船を送り、彼らを届けた。それでも決して危機が去ったわけではなく、臨戦状態は継続していた。

この間、貴族だけではなく、貴族に率いられた農民も多く移住してきた。

天智四（665）年二月是月

百済の百姓男女四百余人を近江国神前郡に置く。

同三月

神前郡の百済人に田を給ふ。

天智五（666）年是冬条

百済の男女二千余人を東国に置く。

天智八（669）年是歳条

佐平余自信、佐平鬼室集斯等、男女七百余人を以て近江国蒲生郡に遷し置く。

このように大量に移住してきた百済の農民は、近江湖東の広大な平野と、東国に配置された。そこでの農地開拓が期待されていたものと思われる。

天智と近江遷都

近江と言えば、そこは天智が都を築いたところである。この大きな湖の南のほとりに営まれた小さな都では、額田王を始めとする後宮女性たちや天皇、王族、豪族たちが歌を作り、亡命百済貴族たちが、彼らの豊かな教養を駆使して華やかな漢詩・漢文を披露していた。それらが天皇も交えた宴の場で披露されていた時代であった。

天智は母斉明が亡くなったあとも、称制（天皇を置かず皇太子が政務をとった）を行い、なぜか正式な即位を避け続けた。実の同母妹間人《はしひと》皇女との不倫が原因だとの説もあるが、真偽は定かでない。白村江の敗戦で豪族の中に中大兄への不満が渦巻き、そのため正式即位を遅らせざるをえなかったのだという説もある。正式即位は結局、称制七年正月のこととされる。

同時代の中大兄皇子＝天智天皇に対する評価がどのようなものだったのか、なかなか測りがたいが、現在残されている『日本書紀』や『藤氏家伝』、『懐風藻《かいふうそう》』などの史料からは、批判的な声と称賛する声とが相半ばしているような印象を受ける。

天智と渡来人

そのような中で、この時代に倭国に亡命してきた百済貴族たちは天智にはもちろん従順であったし、彼を帝王として礼賛した。

『懐風藻』の劈頭《へきとう》、天智の長男大友皇子の小伝には、この将来を嘱望された「太政大臣」・「皇太子」に、彼ら百済貴族が「賓客《ひんきゃく》」として仕えたことが記されている。

皇子は博学で知識が広く、文武双方の才能が備わっていった。群臣らは恐れ畏み、尊ばない者はなかった。年二十三の時、皇太子となった。広く学者沙宅紹明《しゃたくしょうみょう》・塔本春初《とうほんしゅんそ》・吉太尚《きちたいじょう》・許率母《こそつも》・木素貴子を招いて賓客とした。太子は、生まれつき悟りが早く、元来ひろく古いことに通じていた。筆をとればただちに優れた文章になり、発言すればただちに立派な議論となった。議論した者は、その学の広さに感嘆した。

若くして開花したその才能に、沙宅紹明《さたくじょうみょう》・塔本春初《しゅんそ》・吉太尚・許率母・木素貴子といった百済から来た貴族たちからの感化もあったことは想像に難くない。これらの人々は「賓客」というよりは、若き大友皇子の家庭教師だったのだろう。そしてそれは当然、父天智に依頼されたものであろう。天智としては、期待の子の学業育成をこれらの百済亡命貴族たちに託したわけである。

大化から天智朝の左右大臣たち

近江大津宮の置かれた時代は、中臣鎌足が天智を補佐し、その手腕を最も発揮した数年だったと言えるだろう。

大化の改新政権で、大臣・大連の制度は廃され、代わって左右大臣の制度が発足した。初代の左大臣は阿倍内麻呂、右大臣は蘇我倉山田石川麻呂。鎌足（当時、鎌子）は「内臣《うちのおみ》」となった。

しかし四年後、阿倍内麻呂が死去、同じ年、蘇我倉山田石川麻呂は謀反の疑いを着せられ自害した。後任には左大臣に巨勢徳太臣、右大臣に大伴長徳連が選ばれた。しかしこの間、重要な政策を決断してきたのは、孝徳天皇であり、中大兄皇子であり、また斉明天皇であった。大臣蘇我蝦夷、その子の入鹿が事実上政権を担ってきた大化前夜と比べると、大化後の左右大臣の存在感の薄さは否めない。

その後、大臣を務めたのは天智三（664）年五月に亡くなった「蘇我連大臣」（任命された時期及び左大臣か右大臣か不明。石川麻呂の弟という）がいるが、以後七年近く大臣は置かれていない。天智八（669）年十月、中臣鎌足が藤原の姓を特別に天智天皇から賜り、惜しまれながら逝去した。このときも内臣のままであった。鎌足は結局左大臣も右大臣にもつくことなくこの世を去った。

天智十年正月になって、大友皇子が初の太政大臣に就任、蘇我赤兄《あかえ》が左大臣、中臣金《かね》が右大臣に就任する。その下の「御史大夫《ぎょしたいふ》」（『日本書紀』には「今の大納言か」と注記がある。かつてであれば、大夫・マエツギミにあたるだろう）には、「蘇我果安《はたやす》臣・巨勢人臣・紀《きの》大人《うし》臣」の三人の名が見える。この体制で天智は崩じ、その約1年半後に壬申の乱に突入したのであった。

長年中大兄皇子（天智天皇）の支えとなり、おそらく時に謀略にも関与してきたのは、中臣鎌足だけではない。蘇我赤兄もその一人だった。鎌足亡き後は、おそらく同族の代表として中臣金が選ばれたのであろう。こうした人々が晩年の天智と若き大友皇子を支えたのだった。

斉明朝から天智朝にかけて、大臣が事実上不在の時が数年以上続いたようだが、これは白村江の戦前後の混乱状況、天智の大津宮造営、国防強化の中で次第に天智専制体制が確立し、大臣を必要としなくなったからなのであろう。

しかしこの天智十（671）年の体制も壬申の乱の敗北により終焉を迎える。大友皇子は自害。右大臣中臣金は近江国浅井郡の「田根」で斬られ、左大臣蘇我赤兄・大納言巨勢臣比等及びその子孫は配流、蘇我果安は戦闘の中で自害した。

大伴氏と壬申の乱

このような中、大族の中では大伴氏がこの戦いでとった選択が注目される。蘇我・巨勢・紀・中臣と伝統ある大族が、大半天智に協力し、壬申の乱では敗者に回ったのに対し、大伴氏は珍しく当初から反天智・反大友皇子、親大海人皇子の立場に立って行動した。

活躍したのは「大伴連馬来田《まくた》・吹負《ふけい》」兄弟であった。彼らは、時の勢いがよくないのを見て、病と称して大和国の家に退出した。そして将来天皇に

近江大津宮に近い唐崎神社の湖畔

なるのは必ず吉野にいる大海人皇子だということを知っていた。そこで馬来田がまず皇子に帰順した。

と『日本書紀』天武即位前紀六月二十六日条は記す。

大伴氏のこの兄弟は、時の勢いは朝廷に味方していないのを知って、病と称して大和国の家のある大和国磯城郡(桜井市・橿原市)に下がった。そして天智の死後、その地位を継ぐのは、大海人皇子だと感じていたという。そこで馬来田はまず大海人皇子に忠誠を誓い、その勝利のために大和国方面での戦闘に腐心し、勝利を収めることになる。

右の記事では、大伴連馬来田・吹負兄弟がいつ「時の否」を悟って近江から大和に帰ったのか、そしていつ次の天皇は大海人皇子だ、と判断したのかが曖昧だ。天智朝のうちからなのか、あるいは天智が崩御し、そのあとの大友皇子の体制を見て、そう判断したのか。またなぜ次の天皇は大海人皇子だと確信したのか、その理由もわからない。

たしかに先に挙げたように、天智十年に発足した新体制のメンバーに大伴氏の人物は一人もいない。蘇我・中臣・巨勢・紀の各氏がいるのと比べると対照的ではある。やはり彼らは天智天皇に冷遇されていたのだろう。おそらくこの前後の段階で、近江を去ったのではないか。そして天智の重病、崩御を受けて次期天皇は、大友皇子ではなく、大海人皇子こそふさわしいと考え、これを実行に移したのではないだろうか。

壬申の乱で「馬来田・吹負」(「男吹負・小吹負」)兄弟は、大海人軍の勝利のために活躍した。「馬来田」は大海人の挙兵を知って、兎田《うだ》(宇陀)の吾城で合流し、「吹負」は飛鳥の「留守司」を襲撃し屈服させた。さらに倭京(飛鳥京)を攻撃する近江軍を迎え撃ち、防衛に成功した。これが功を奏し、大伴氏は天武朝に復活を遂げる。

また具体的な勲功は明らかでないが、「大伴連御行《みゆき》」がその勲功によってであろう、天

壬申の乱

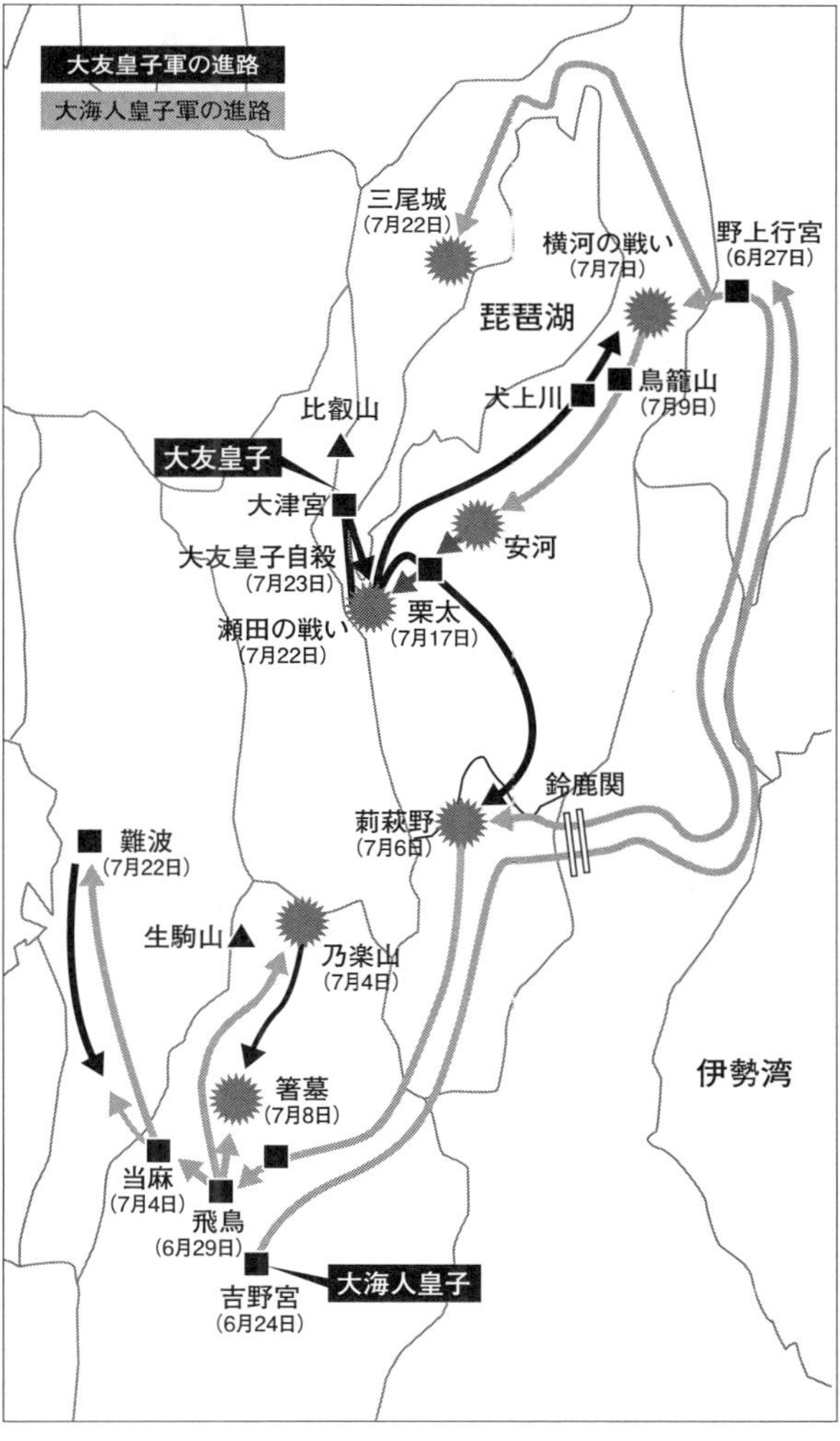
大友皇子軍の進路
大海人皇子軍の進路
三尾城
(7月22日)
横河の戦い
(7月7日)
野上行宮
(6月27日)
琵琶湖
鳥籠山
(7月9日)
犬上川
比叡山
大友皇子
大津宮
安河
大友皇子自殺
(7月23日)
栗太
(7月17日)
瀬田の戦い
(7月22日)
鈴鹿関
莿萩野
(7月6日)
難波
(7月22日)
生駒山
乃楽山
(7月4日)
伊勢湾
箸墓
(7月8日)
当麻
(7月4日)
飛鳥
(6月29日)
大海人皇子
吉野宮
(6月24日)

武四(675)年三月、「小錦上」の位と「兵政官」の「大輔」に任じられた。『万葉集』巻第十九—四二六一に、

皇者《おほきみは》　神尓之座者《かみにしませば》　赤駒之《あかごまの》　腹婆布田為乎《はらばうたゐを》　京師跡奈之都《みやことなしつ》
(皇《おほきみ》は　神であるから　赤い駒の　腹ばっている田を都にされた)

右　一首、大将軍贈右大臣大伴卿作。

とある。この一首の作者「大将軍贈右大臣大伴卿」は、「大伴御行」と見られる。

物部氏の復活

もう一氏、壬申の乱で復活を遂げた豪族がいる。かつて滅亡の危機に瀕した大族・物部氏である。物部氏は、587年、中臣氏を除くほとんどの豪族たちと王族たちからの武力攻撃を受けて滅んだ。大連物部連守屋の時代であった。

「崇峻即位前紀」には、

この戦いに、大連の子息と一族の者たちは、ある者は葦原に逃げ匿れて、姓を改め名

を換えた者もいたし、また逃亡して行方の知れない者もいる。

と記す。物部氏の滅亡により、これまで物部氏が伝えてきた石上神宮の祭祀は、守屋の妹が継承したと『紀氏家牒《きしかちょう》』は伝えている。

蘇我蝦夷の家は葛城里の豊浦にあり、故に豊浦大臣とも呼んだ。家に多くの武器を貯えていたので、俗に武蔵大臣ともいった。母は物部連の妹の太媛《ふとひめ》といった。物部守屋が滅んだ後、太媛が石上神宮の「斎神之頭《かみをいつくかしら》」となった。蝦夷は『物部族の神主の家』を「僕《しもべ》」とし、「物部首《おびと》」と言うことにした。これをまた「神主首」とも言う。

この物部守屋の娘「太媛」が実は馬子の妻であった。この間の子が蝦夷である。〔『日本書紀』崇峻即位前紀および皇極二（643）年十月条〕。皇極二年十月条には、入鹿の弟が祖母の実家の名を継いで「物部大臣」と呼ばれていたことまで記録する。夫によって滅ぼされた実家ではあるが、残された太媛が石上神宮の「斎神之頭」つまり神主となり、女系継承をしたというのである。そして蝦夷によって、「物部族の神主の家」がその「僕《しもべ》」いわば下僚を務めることになり、名も「物部首」あるいは「神主首」と改めたという。ここには

物部氏ゆかりの石上神宮

物部氏滅亡後の石上神宮への蘇我氏の介入が語られているのである。

しかしどのような豪族でも完全に滅ぶというのは、起こりにくいことではある。その後にこの氏の名は傍流によって復活する。推古紀十六（６０８）年に「物部依網連抱《よさみのむらじいだく》」、同三十一（６２３）年条に「物部依網連乙等《おと》」、大化元年九月条に「物部朴井連椎子《えのいのむらじしいのみ》」、大化五（６４９）年三月条に「物部二田鹽《ふつたのしお》」といった名前が見える。いずれも滅亡を免れた傍流の家であろう。

このうち大海人皇子の「舎人」だった「物部（朴井）連雄君《おきみ》」は、吉野にいた大海人皇子に近江朝廷が攻撃の準備をしているとの第一報を知らせた功績等で、天武五（６７６）年六月、逝去した後、「内大紫位」（正三位相当）と物部氏の「氏上」の地位を追贈された。傍流の出身とはいえ、彼は死してのち物部氏の「氏上」を名乗ることを許されたのである。約百年近くぶりに、この氏の復活を実現したのであった。

物部連麻呂＝石上連麻呂という男

さらにその後、正式に物部の姓を復活した功労者がいる。物部連麻呂である。壬申の乱の折、近江朝廷方の大将大友皇子の最側近として最期まで付き従った人物にして、後年は左大臣まで昇りつめた傑物である。乱ののち天武朝の朝廷に仕え、天武十三（684）年十一月にはまだ「物部」を名乗って朝臣姓を賜っているが、天武が崩ずる朱鳥元（686）年九月には「石上《いそのかみ》朝臣麻呂」と改称している。この間に石上朝臣と改称したらしい。持統四（690）年正月、女帝の正式即位の際には、「物部麻呂朝臣」として、儀礼において「大盾」を立てる任にあたった。文武天皇四（700）年十月の「筑紫総領」を経て、大宝元（701）年三月の大宝令の施行に伴う人事で「中納言・直大壱」（正四位上）から「正三位上」となり、慶雲元（704）年正月に「従二位」で「右大臣」、和銅元（708）年三月には「正二位」「左大臣」に昇りつめた。享年七十八。高松塚古墳の被葬者に当てる有力な説がある（直木孝次郎・白石太一郎ら）。

天武が皇位を自らの力で奪い取った壬申の乱は、天智朝よりその傾向を増していた天皇専制化をさらに強化することとなった。よく知られているように、天武朝の十五年と次の持統朝の最初の三年の間、左右大臣、太政大臣は一人も置かれなかった。似た状況は、天智三（664）年五月に蘇我連大臣が亡くなって以来の七年間にもあったが、天武～持統朝は大臣の不在がより長期にわたる。

天武専制の時代

後世の史家はしばしば天武朝の皇親政治と言うが、正しくは天武朝は天皇専制であった。そして天武から持統、持統から文武へといった皇位継承には、もはや豪族たちが容喙《ようかい》する隙はほとんど残されていなかった。容喙する権利があったとすれば、辛うじて王族たちであった。

私はやはり、大化から天智朝、天武朝を経て天皇権力は高まり、専制化し、この間に王権の質が変化したのだと考える。

天武朝の後半には姓を一新し、その種類を「真人《まひと》—朝臣—宿禰—忌寸《いみき》—道師—臣—連—稲置《いなぎ》」の八種に再編成した。八色《やくさ》の姓《かばね》である。このうち実際に与えられたのは、真人・朝臣・宿禰・忌寸の上位四姓であったが、このとき、上位四姓に賜姓された計百二十六氏は、当時の位階でいうと「小錦位」（天智三（664）年制定の冠位。のちの令制のもとでは五位以上に相当）に進みうる家柄と重なる。大化前代から有力豪族としての地位を保ってきたこれらの豪族のみが、忌寸以上の姓を与えられ、以後も五位以上の位階を望みうる家柄として待遇されることになった。

この五位以上の位階というのは、「勅授」すなわち天皇が決定して与えるもので、六位以下の「奏授」（式部省・兵部省の人事考課に基づいて作成された案を天皇が裁可する。六位〜内八位・外七位）と「判授」（式部省・兵部省の作成した案を太政官が審査した結果がそのまま確定する。外八位・内外初位）とは格の違いが明らかに存在した。五位以上の官

天武・持統合葬陵

人と六位以下の官人には越えられない大きな差があった。

たとえば、元日の朝賀の儀式および天皇の即位式に参列できるのは、五位以上の官人たちまでであった。天皇から礼服、礼冠を賜るのも、五位以上の特権であった。大津透氏が「五位以上の官人は官僚機構とは別次元で天皇と密接な関係を保ち、全体として一種の共同体意識をもっていた」、また、「天皇制の存立基盤は第一に五位以上官人集団＝畿内豪族（マヘツギミ層）にあった」と述べるのは、そうした理由からである。天智天皇の時代に編纂されたとされる近江令、その改訂を目指して天武朝に編纂が企図され、持統朝に完成した飛鳥浄御原《きよみはら》令、さらに文武朝に完成した大宝律令と、

飛鳥浄御原宮

律令の改変は進んでいくが、この点には変わりがなかった。この間に、大王（天皇）権力は専制化していったが、それでもなお「五位以上官人集団＝畿内豪族（マヘツギミ層）」との一体感は不変であった。一見矛盾しているように見えるが、精神的な紐帯の上ではなお、大王と畿内豪族は互いに依存しあう関係だったといえるだろう。

第七章　律令制と豪族

早川庄八の畿内豪族論

関晃の畿内豪族論が有力となった背景に、これを支え「肉づけ」したいくつかの論があった。早川庄八氏の論、大津透氏の論などはそうした範疇《はんちゅう》に入る。本章では最初にこれらの興味深い論をいくつか紹介したいと思う。

まず早川氏の中央の政権と地方を治める郡司の関係についての研究から紹介したい。国司を務める中央貴族は任期が終われば交代するのに対し、郡司は終身務める者が多かった。この職にはもともとその地域を治めていた豪族が優先的に選ばれたこともあり、律令制における地方支配は、事実上彼らによって成り立っていたといわれる。

郡司は律令官制においてどのように位置づけられていただろうか。官職には採用の形式で分類があり、天皇が自らの意思で任命する「勅任官」、太政官が天皇に奏上してその許可を得て任命する「奏任官」、太政官が任命する「判任官」、人事考課を担当する式部省が任命する「式部判補」といった種類があり、このうち郡司は上から二番目の「奏任官」であった。但し他の「奏任官」と異なり、郡司にだけは任用の際に厳しい選考が行われた。これを当時「試練」と言った。

天皇が任命する郡司

国司による選考を経た郡司の候補者は、二度にわたって上京し、式部省で口頭試問を受けねばならなかった。その上で任用予定者が決まると、式部省はその名簿を太政官に上申し、太政官では大臣が天皇に奏上し、それを天皇が承認する。こうして郡司への任用が決まった。郡司の最終的な任命権者は天皇なのである。

何故、郡司の任命はそこまで厳重なのか。早川氏はその答えとして、畿内政権にとって郡司に代表される「畿外の政治的集団」は、「屈服させ従属させるべき存在」であり、決して畿内を中心とする支配者集団と同質ではなかったからだと言う。その辺りのニュアンスを氏はこう表現した。

畿内政権が畿外の政治的諸集団と対峙する場は、いわば「外交」の場なのである。

事実、律令法では当時、畿外の国を「外国《げこく》」と呼んだことも早川氏は付け加えている。

祈年祭と畿内政権

早川氏は、大和政権の本質が畿内豪族による政権であったことを、宗教面〜神祇祭祀〜からも実証しようとした。この印象深い論についても紹介しておきたい。

「神祇令」が定める国家が行う神祇祭祀のうち、大きなものとして以下の五種類があった。

(イ)大嘗祭…天皇即位後に一代に一度だけ行われる、新嘗祭の拡大版
(ロ)祈年祭《としごいの》…毎年2月に行われる豊饒の予祝祭
(ハ)月次祭《つきなみ》…毎年2月と6月に行われる祭
(ニ)神嘗祭《かんなめ》…毎年9月に新穀を伊勢神宮に奉ずる祭
(ホ)新嘗祭《にいなめ》…毎年11月に行われる天皇が新穀を祖神と共に供食する祭

このうち、(イ)は(ホ)を拡大したものであり、元来同種のものである。また(ニ)は宮中ではなく伊勢神宮で行われる祭祀であるので除くと、残るのは(ロ)祈年祭・(ハ)月次祭・

(ホ)新嘗祭の三つに絞られる。この三つはどのように成立したのだろうか。
早川氏は、(ハ)月次祭と(ホ)新嘗祭は、大和を基盤とする地域的王権が古くより行ってきた祭祀であるのに対し、(ロ)祈年祭は律令国家の形成とともに設定された、新しい祭祀であるという。その違いは、たとえば(ロ)祈年祭は天皇は関与しないのに対し、(ハ)月次祭・(ホ)新嘗祭は天皇みずからが神事を行う天皇親祭であること、また(ロ)祈年祭の班幣(お供え)の範囲が全国三一三二座の官社であるのに対して、(ハ)月次祭・(ホ)新嘗祭は三〇四座、それも畿内とその近傍の特定の大社に限られているといったところにある。

そもそも祈年祭という名前自体が、中国で皇帝(天子)が祀る「祈年郊《きねんこう》」に由来する。もともとは、日本列島各地でも民間の予祝儀礼として行われてきたものだが、大宝令の段階(701年)でこれを国家の祭祀として新設したのが「祈年祭」だった。

早川氏は、この併存する新古二種類の祭祀のうち、(ハ)月次祭と(ホ)新嘗祭は、天皇が古く畿内政権の段階から行ってきたものがのちに国家的祭祀に「昇格」したもの、一方の（ロ）祈年祭は、大和政権が全国的な政権になった段階から始まったもので、天皇が直接は関わらないのは、それを挙行したのが「律令国家の形成主体」である「ヤマトの支配者集団、すなわち畿内政権」だったからだ、と考えた。

大津透氏の畿内政権論

大津透「律令国家と畿内」もまた関晃説を補強する有力な論であった。初出は1985年、大長編論文だが、氏の最初の論文でもある。中央政権の畿内豪族に対する政策と、畿外の豪族に対するそれとに違いのあることは、関や早川も指摘してきたことだったが、大津氏は調・庸など農民に課せられた負担についても、畿内と畿外で差のあったことを明らかにした。調・庸、仕丁、雇役等の諸負担は、畿内の民衆に対しては籍帳による徹底した人民把握が行われ、国家自らが勧農政策を進めていたのに対して、畿外の民衆に対しては形式上は個別人身的租税の形をとってはいるものの、実は大化前代の国造制のもとでの形を残しており、実際は在地首長である郡司らに依存する形で運用されていたというのである。

このように、畿内と畿外とでは明らかに二重支配が行われていたのであって、天皇が実質的に強力に支配していたのは畿内のみで、畿外は大化前代には在地首長である国造を通じて支配できていたに過ぎない、と結論づけた。

大津氏はこうした特性は、「大化前代の遺制」というだけでなく、律令制下で制度化された面もあることを強調する。そしてそこに畿内政権としての律令国家の本質を見るのだ。氏は言う。

逆説的にいえば、天皇とは畿内のみを支配するウチツクニの国造にすぎず、全国の国造のうちの最有力者であり、畿外はそれぞれも国造の領土であったということもできる。畿外に対しては緩い服属関係にあり、それによって国家は維持されていたのである。この服属関係を強固なものとするために、律令制を採用し、畿外豪族に対して天皇の権威を高め、畿内豪族は連合して天皇、律令国家のもとへ結集したとみることもできる。

加藤謙吉氏の「両貫制」論

近年はこうした関説を補強し、肉づけするような説には実証面の批判も寄せられている。律令制のもとで、中央の政権と地方豪族がどういう関係にあったのか、既に当時は対立するような緊張した関係ではなかったのではないか、とも見られるだろう。

加藤謙吉氏は近年、上毛野氏（上野国）、車持君（上野国）、笠臣（備中国）、大野君（上野国）、下道臣（吉備国）など、中央と地方と両方に拠点をもつ豪族の少ないことについて取り上げ、詳しく論じた。彼らは中央に移住した勢力と本拠地に残った勢力に分かれながらも、互いに密接な連携を保ち、両方に勢力基盤を併存していたのだった。

加藤氏によれば、5世紀後半から6世紀初頭ころまでは、地方豪族の子弟が大王のもとに出仕し、大王との間に個人的な主従関係のようなものを形成していくことが慣例として存在した。その後、こうした一定期間だけの中央への出仕という形から、中央と地元との両方に拠点を保持する「両貫制」とでも言うべき在り方に転換していったのだという。その時期を氏は、氏族の王権への隷属と奉仕が定着する6世紀以降とし、とりわけ磐井の乱の平定が直接の契機になったと推察している。6世紀後半から7世紀の初めには、地方豪族の主だった者は畿内への移住を完了していたという。

これらの事実から、加藤氏は「地方豪族と中央豪族との間に国政参加のありかたをめぐって本質的な相違があったとは考えにくい」と言うのだが、そこまで言えるのかは、疑問もある。加藤氏の明らかにした史実は、関らの畿内政権論の反証となるものとは必ずしも言えないのではないか。

中央と地方の対立

中央と地方の対立が最も激化していたのは、5世紀半ば過ぎから6世紀半ば近くまでのことであった。吉備氏との紛争、磐井の制圧などの時期である。これを経て、大和政権が地方豪族を抑え、安定した政権を創出すると、今度は地方豪族の取り込みが開始されるのである。それが子弟の王宮への出仕であり、さらにその後の中央移住と「両貫制」である。

そのころにはもう中央も地方への警戒を意図してはいなかったのであろう。両者の対立はおおよそ解消されていたと見ていい。

8世紀になると地方出身者でも、学識・能力に秀でた者があれば、中央で登用されることがあった。吉備真備や和気清麻呂などは、そうした例にあてはまる。また元来、地方豪族であっても中央に拠点をもち、中央貴族としてスタートしていく者も現われる。

地方出身者の立身出世・吉備真備

吉備真備《きびのまきび》は、霊亀二（716）年二十二歳で唐に留学し、天平七（735）年正月、帰国した。その時点では、まだ「従八位下」で、名前は「下道朝臣真備《しもつみちのあそんまきび》」であった。吉備国の出身である。彼は唐から多くの漢籍を持ち帰り、同八（736）年正月には正六位下、同九（737）年二月に「従五位下」と異例の昇進を遂げ、同年十二月に「従五位上」、「右衛士督」となった。天平十八（746）年十月、従四位下で「吉備朝臣」の姓を賜り、改姓する。

しかし天平勝宝二（750）年正月、藤原仲麻呂から遠ざけられ、「筑前守」に移された。

吉備津神社

翌同三（751）年「入唐副使」に任命されたが船が漂流し、「益久嶋」、さらに「紀伊国牟漏埼」に流れ着く辛酸を味わった。天平宝字八（764）年正月に「造東大寺長官」となり、このころ中央にようやく復帰する。同八年九月、藤原仲麻呂（恵美押勝）の乱が平定されると、正四位下から従三位になり、天平神護二（766）年正月「正三位」「参議」で「中納言」、三月には「大納言」、同年十月に「右大臣」に就任する。時は称徳朝、道鏡の全盛期だった。宝亀元（770）年八月称徳天皇が崩じたときは、「右大臣正二位」であった。光仁天皇が即位すると、遂に致仕《ちし》、すなわち引退を申し出る。そして同六（775）年十月二日に亡くなった。時に歳、八十三歳。

吉備真備の場合、唐に留学していた間に得た学問と知識が、地方出身というハンデを超える原動力になったのであろう。それでも決して例外ではない。地方豪族出身者でも、個人の優れた能力さえあれば、抜擢されることがあったのである。8世紀の日本とはそういう国でもあった。既に中央と地方の相剋は過去のものとなっていた。

地方豪族の反乱といえるものの最後は、磐井の乱であった。以後は、在地での豪族同士の紛争のようなものや、蝦夷や隼人の反乱はあっても、中央と地方の勢力の格差は甚だしく、地方豪族が大和の政権に対して反乱を起こすような例はもはやない。欽明朝以後の列島では、中央対地方の戦いではなく、蘇我・物部・大伴といった中央豪族内の合従連衡が主な政局の中心となっていく。

持統天皇の即位

乙巳の変で蘇我蝦夷・入鹿が滅ぼされて、大化改新政権が誕生し、孝徳天皇が即位。さらに斉明天皇、天智天皇と皇位継承がなされていく中で、天皇権力が高度に専制的なものへと発展していったことは、前章でも述べた。この間、左右大臣が置かれなかった時期が、天智の晩年から大友皇子の近江朝廷の一時期を除いては、天智朝から天武朝、持統の称制の時期までの約四半世紀ほども続いたことは軽視してはならないだろう。王権の質はこの間に大きく転換したと私は見ている。要するに、天皇と中央豪族たちの力関係は明らかに変わった。

持統が正式即位したとき、左右大臣は久々に復活した。しかし、もはやそれはかつてのものとは同日には論じられないものだ。

持統は、夫天武の亡くなったあと、正式な即位はせず、称制（天皇の臨時代行）の形で政務を総裁してきた。しかしその三年目に息子草壁皇子が夭折すると、翌年正月に正式に即位した。

このときの即位儀礼では、物部連麻呂が大盾を立ててその威儀を守り、神祇伯中臣朝臣大嶋が「天神寿詞」を読み上げ、そのあとに「忌部宿禰色夫知」が「神璽の鏡と剣」を皇后に「奉上（たてまつ）った」。これが持統の即位であった。しかし実はこれは新しい即位の形だったのである。それまでは、「舒明天皇即位前紀」に

大臣と群卿《まえつぎみ》、共に天皇の璽印を以って田村皇子（舒明）に献ず。

とあるように、大臣・大連・大夫ら有力豪族たちが皇位のシンボルとなる鏡・剣を皇位継承者に献じ、これを受けて高御座《たかみくら》という壇に立つことによって新天皇が即位したのであった。これが持統以降、中臣氏が寿詞を読み、忌部氏が「神璽の鏡と剣」を献上する、という新たな即位儀礼が定着していくようになる。大臣・大連といった有力豪族に代わって、神祇祭祀を役割とする二氏族がこれを献上することになったのだ。ここにも、有力豪族の実力の低下と天皇権力の強大化が表われているのであろう。

大臣の復活

持統は正式即位すると、天武の長男高市皇子を太政大臣に、丹比《たじひ》（多治比）真人嶋を左大臣とした。多治比真人嶋の左大臣就任は、皇族以外では約二十年ぶりの大臣任命だった。

律令官職制度

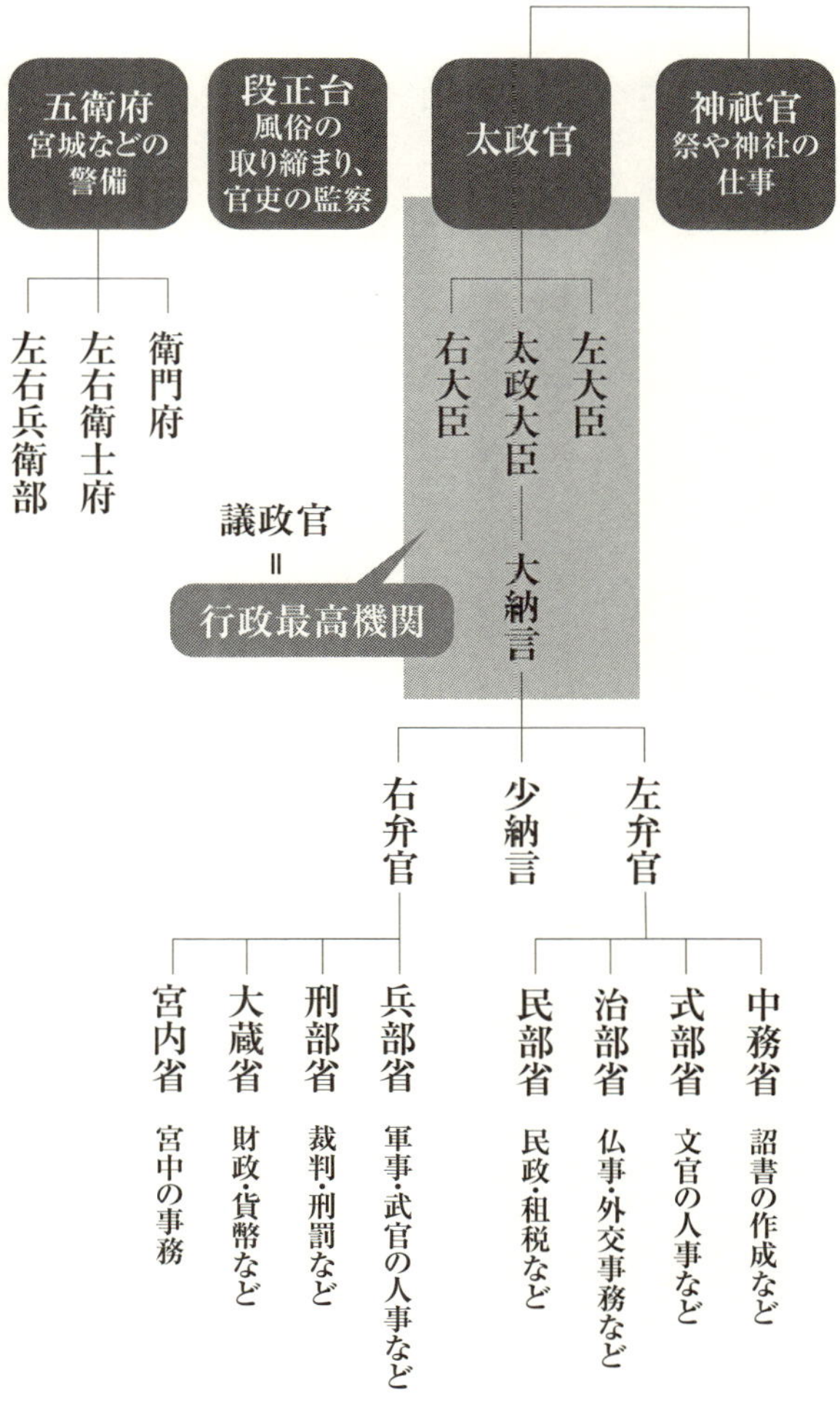
神祇官
祭や神社の仕事
太政官
段正台
風俗の取り締まり、官吏の監察
五衛府
宮城などの警備
衛門府
左右衛士府
左右兵衛部
左大臣
太政大臣
右大臣
大納言
議政官
=
行政最高機関
左弁官
少納言
右弁官
中務省
詔書の作成など
式部省
文官の人事など
治部省
仏事・外交事務など
民部省
民政・租税など
兵部省
軍事・武官の人事など
刑部省
裁判・刑罰など
大蔵省
財政・貨幣など
宮内省
宮中の事務

この間の天皇専制化を見れば、左大臣といってもそれがもつ意味は随分変わっていたであろう。かつての大連・大臣の復活ではない。

ここで持統朝から大宝元（701）年三月段階の議政官のメンバーを、『日本書紀』・『続日本紀』及び『公卿補任』などから確認してきたい。

持統四（690）年七月
太政大臣・高市皇子
右大臣・丹比真人嶋（正広参＝正三位相当）
中納言・三輪朝臣高市麻呂（直大弐＝従四上相当）
大納言・布施朝臣御主人（直大壱＝正四位上相当）

文武四（700）年十二月
左大臣・丹比真人嶋（正広弐＝正二位相当）
大納言・大伴宿禰御行（正広参＝正三位）

大納言・阿倍（布施）朝臣御主人（正広参＝正三位）
　石上朝臣麻呂（直大壱＝正四位上相当）
　大伴宿禰安麻呂（直大壱＝正四位上）
　藤原朝臣不比等（直広壱＝正四位下）
　紀朝臣麻呂（直広弐＝従四位下）

大宝元（701）年三月
左大臣・丹比真人嶋（正二位）
右大臣・阿倍朝臣御主人（従二位）
大納言・石上朝臣麻呂（正三位）
同　・藤原朝臣不比等（正三位）
同　・紀朝臣麻呂（従三位）
同　・大伴宿禰安麻呂（従三位）

丹比真人嶋は、もともと皇族だったのが、のちに臣籍に降下して生まれた皇親氏族の出身である。宣化天皇の後裔であったが、おそらく舒明朝から皇極朝ころに臣籍に降ったのであろう。約十五年ぶりの左大臣が彼だったというのは、やはり元は皇族だったという出自が影響していると見られる。久々に復活した左大臣ではあっても、かつてほどの権限は与えられていなかったに違いない。彼の死後は、阿倍朝臣御主人《みうし》（従二位）・石上朝臣麻呂等がその地位を襲うようになった。ついで藤原・紀・大伴など伝統ある豪族も台頭する。

議政官会議のメンバー

こうして見ていくと、次第に天皇専制から、元の有力豪族による合議制に戻ってきたようにも見えるだろう。その表われとも見えるのが、大宝二（702）年の参議という官職の新設である。

大宝二（702）年

右大臣・阿倍朝臣御主人（従二位）

大納言・石上朝臣麻呂（正三位）

大納言・藤原朝臣不比等（正三位）
同　・紀朝臣麻呂（従三位）
参議・大伴宿禰安麻呂（従三位）
同　・粟田朝臣真人（正四位下）
同　・高向朝臣麻呂（従四位上）
同　・下毛野朝臣古麻呂（従四位下）
同　・小野朝臣毛野（従四位下）

この地位を新設し、一挙に五人を当てたのである。左右大臣から参議までは、議政官会議に出席することができる。議政官とは、左右大臣、大納言、中納言、参議をメンバーとする会議で、これが律令国家における最高政策決定機関であった。位階も四位以上ばかりであり、これはかつての大夫による合議制の流れを継承するものという見方がされてきた。

この参議に任命されたのが、大伴・粟田（和邇氏系）・高向（蘇我・石川系）・下毛野・小野という五人であった。右大臣に阿倍氏、左大臣に物部氏（石上氏）、大納言に藤原氏、紀氏がおり、これらを合わせると、主な大夫級の有力豪族が網羅される。この点も、大夫合議制との連続面を表すものとして指摘されてきた。

竹内理三氏、阿部武彦氏らによって、奈良時代初期には、議政官の地位にかつて「大夫」による合議制を構成していた有力貴族がその代表一人を送り込むのが慣例となっていたとする説が唱えられ、有力視されていた。奈良時代の初期のある時期までは大伴、石上、藤原、阿倍、巨勢、紀、小野などの有力豪族から勢力均衡に配慮した人事が行われていたことは多くの人の首肯するところであろう。しかしこうした見方には批判もある。

名族の没落

長山泰孝氏の調査によると、大宝元（701）年以降、天平宝字八（764）年までの間に議政官にメンバーを輩出した貴族は十六氏あるという。

このうち左右大臣を輩出したのは、時代順に

多治比氏・石上氏・藤原氏・橘氏・阿倍氏

の五氏。大納言・中納言を輩出したのが、上記以外に

大伴氏・紀氏・巨勢氏・石川氏・粟田氏・高向氏・小野氏・中臣氏

参議を出したのが、

下毛野氏・大野氏・県犬養氏

であった。この十六氏が律令国家を運営した有力貴族だったと言っても過言ではないだろう。ただ長山氏によると、この十六氏のうち、その後も恒常的に議政官を出し続けた貴族は実は多くない。大宝二年、新設された参議に任命された大伴・粟田・高向・下毛野・小野の五氏のうち、大伴以外の四氏は、その後、奈良時代の末に至るまで参議以上にまで進んだ人はいなかった。皆あとが続かなかったのである。その他、右の十六氏の中では、大野氏と県犬養氏も奈良時代を通じて議政官を輩出したのは一度きりだった。

結局のところ恒常的に議政官を出すことができた氏というと、多治比・阿倍・大伴・石上・藤原氏の五氏だけである。それでも一氏を除いて次第に次世代の人々は地位を下げてしまう。かつては左大臣や右大臣を輩出した多治比氏も阿倍氏も、その後は大臣を出すこ

とは叶わず、中納言や参議止まりになってしまう。唯一例外なのが、藤原氏だ。

長山泰孝氏の指摘

気がつけば、8世紀の初めから、後半に至るまでずっと議政官を出し続けたのは、藤原氏だけだった。そのことを喝破した長山泰孝氏は言う。

多治比氏以下の有力五氏を中核とする律令国家の議政官貴族は、一面では大化前代の大夫合議制を継承するものではあるが、他面では天皇政治を安定的に支持すべき基盤として、王権による選択を経て、新たに編成し直されたものととらえることができるのではなかろうか。

かつての大夫合議制を形では継承していても、実質的には別のものになっていたのではないか、との推測が浮かび上がってくるのである。長山氏が言う、

藤原氏以下ごく少数の貴族を除いてその地位は不安定であり、奈良時代を通じて大化前代以来の有力貴族層は、全体として衰退の途をたどっていたということができるで

あろう。

という指摘は正しいと私も思う。となると、当然次に浮かぶ疑問がある。

なぜ他氏は没落し、藤原氏は繁栄したのか

なぜ他の有力諸氏は大化後、あるいは律令制以後衰退したのか、そしてそのような中でなぜ藤原氏のみは衰退から免れ、繁栄を迎えることができたのか。

この問いに対する答えは、大化改新から大宝律令制定に至る律令国家形成期の天皇専制化、という王権の質的転換を前提にして初めて見出せるのではないだろうか。この時期に大王と豪族の関係の質的転換があったということである。この時期以前も以後も、畿内政権としての本質に変わりはなかった(より特質が強まることはあっても)、という関晃氏の見方でも、逆にそれ以前も以後も専制王権としての本質に変わりはなかった(より特質が強まることはあっても)という近年有力とされる見方でも、本質はうかがえないと私は考える。

この激動の数十年の間に、中央有力豪族主導の大夫合議制から、天皇専制王権の下での官僚貴族制へと大きく変貌したのである。その中で、なぜか藤原氏だけが生き残ったのだ。なぜ藤原氏だけが。これは彼らを特別視して陰謀家集団のように扱うこととは別である。奈良時代から平安時代へと続く彼らの関わった政争の数々を、すべて同氏の謀略によって他の伝統的豪族が罠に嵌《は》められたものと捉えるのでは、まさに謀略史観に陥ってしまう弊害がある。それは避けねばならない。

文武天皇二年の詔と藤原氏

そのことに留意しながら、藤原氏の台頭のプロセスを少し追ってみたい。

『続日本紀』文武天皇二（698）年八月条の詔は、藤原氏と中臣氏の分離を命じた詔として、その重要性は夙《つと》に指摘されているところである。

詔して曰く。藤原朝臣（鎌足）に与えた姓は、その子、不比等に受け継がせる。但し意美麻呂《おみまろ》らは、神事に供えるために旧の姓（中臣）に戻せ。

中臣鎌足が、死の直前、天智天皇から「藤原」という新しい姓を賜り亡くなった。この姓は誰が受け継ぐのか。このことについて文武天皇が下した詔である。天皇は、鎌足の二男で後継者である不比等に継ぐように、と命じた。一方、既に藤原を名乗っていた不比等の親族中臣意美麻呂《おみまろ》に対しては、旧の姓である中臣に戻すように指示している。当時藤原を名乗っていたのは他にもいた。中臣大嶋である。たしかに彼らは「中臣」とも「藤原意美麻呂」「藤原大嶋」とも名乗っていた。

天智が鎌足一代の功業を讃えて与えた「藤原」という姓をを誰が継ぐのか。天智自身は鎌足以外にこの姓を名乗っていい人物を定めたわけではない。鎌足の嫡子といえる不比等は、こうした現状に忸怩《じくじ》たる思いだったろう。藤原を名乗れるのは不比等だけ、という詔は彼には有難いものであったに違いない。

その歴史的意義について、上田正昭『藤原不比等』は、以下のように述べる。

この詔は、不比等のみならず、藤原氏の史脈にとって決定的に大きな意味をもつ。政事と祭事の分掌が、藤原氏内部において確立した。不比等（政治派）と意美麻呂ら（神祇派）の、いってみれば、藤原内部における原則的な祭政分離を象徴する画期が文武天皇二年であった。

同様の見解は、近年の倉本一宏『藤原氏―権力中枢の一族』にも示されている。ここには、これ以降、史（不比等）の家のみが「藤原朝臣」、意美麻呂（臣麻呂）たち他の家は神事に関わるというので、旧姓の「中臣朝臣」に戻せというのである。これは藤原氏が政事、中臣氏が神事という分掌を意味しており、大宝令官制で太政官と神祇官とが二官として並び立つことになったことに対応するものである。ここに史（不比等）とその子孫のみが王権の輔政にあたることを宣言したことになる。

とある。現在に至るまで、こうした理解が通説となっているといえよう。

中臣氏は祭祀に専念したか

このように多くの論者が一致して、このとき藤原氏と中臣氏が分離し、前者は政治に、後者は従来からの氏の職掌である神祇祭祀に専念するようになったと捉えている。果たしてそのとおりに中臣氏はこれ以後、神祇祭祀に専念するようになったのだろうか。以後、彼らは政治の中枢に関与しなくなったのであろうか。

ここで名前の挙がっている中臣意美麻呂は、中臣氏系図によると、『日本書紀』推古三十一（623）年七月条に見える「中臣国」（国子）の孫とされる。不比等の祖父「御食子《みけこ》」と、この「国」とが兄弟であった。したがって意美麻呂と不比等は祖父が兄弟同士であったという間柄になる。

意美麻呂の名が最初に見えるのは「持統即位前紀」で、謀反の罪で殺された大津皇子の共犯者として「大舎人中臣朝臣臣麻呂」とあ

中臣氏の系譜

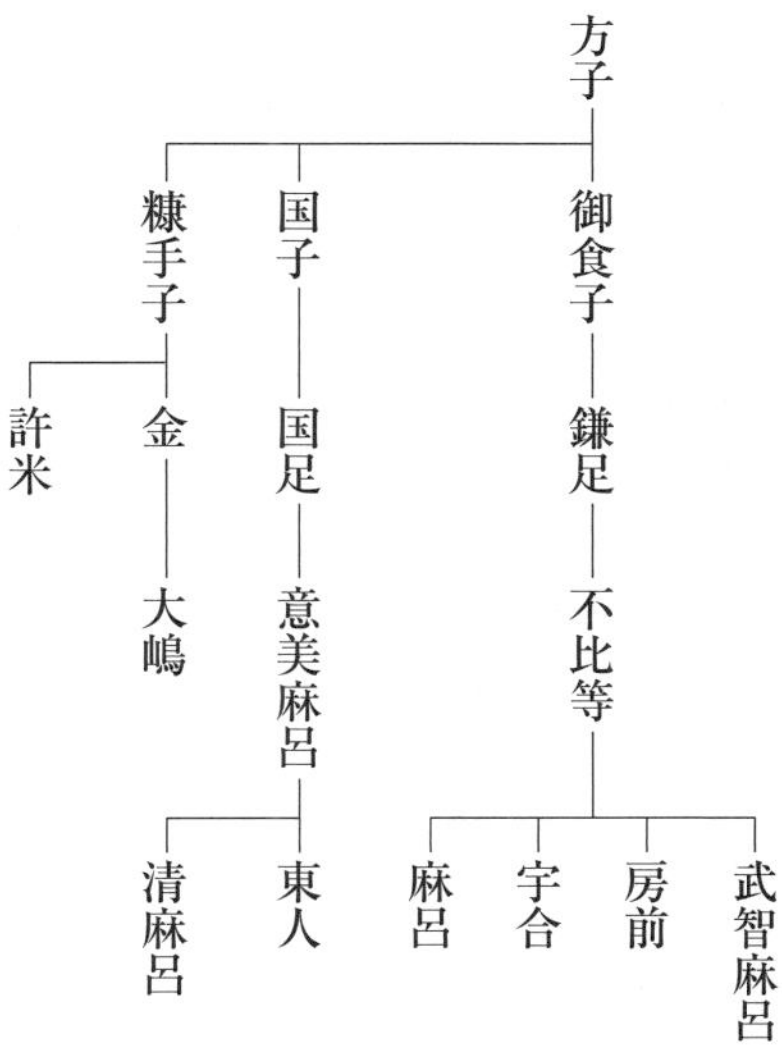

る。その2年後の持統三（689）年二月、「藤原朝臣史《ふひと》」と同時に「判事」に任じられ、同七（693）年六月に直広肆（従五位下相当）、文武三（699）年十二月に令外官である「鋳銭司」の長官に任じられた。その後「左大弁」を経て、和銅元（708）年三月に従四位上の位階と「中納言」の職を得た。その三年後の和銅四（711）年六月、「中納言・正四位上兼神祇伯」で亡くなった。

この履歴からわかるのは、神祇伯を兼務しながらも、他の職務にもついており、決して神祇の職に専念したわけではない、ということである。

その子の中臣東人《あずまひと》は、同じ和銅四（711）年四月に正七位上を受けた記事から、養老二（718）年九月に式部少輔、同四年十月に「従五位上・右中弁」、天平五（733）年三月に従四位下、兵部大輔に任じられた記事まで見える。ここまで順調に昇進を重ねてきているが、以後記事は途絶える。その直後に没したのであろう。彼自身は神祇の職掌には任じられていない。

東人の弟が中臣清麻呂（のちに大中臣と名乗る）である。天平十五（764）年五月に正六位上に叙位されたのが最初で、天平宝字六（762）年十二月に参議、同八（764）年九月神祇伯、宝亀元（770）年七月大納言、同年三月右大臣、同三（772）年二月に正二位にまで昇進した、天応元（781）年に致仕（引退）し、延暦七（788）年七月死去した。享年八十七。この間、神護景雲三（769）年六月、「神語に言へること有り」として、清麻呂に対して「大中臣」と称するよう詔があった。

中臣氏の性格

こうした奈良時代の中臣氏の人々の履歴を概観してみると、彼らが職掌である宮廷における神祇祭祀を守り伝えてきたのはそのとおりではあるけれども、これ以外の行政一般にも当たってきたことがわかるだろう。上田氏が「不比等（政治派）と意美麻呂ら（神祇派）」の「原則的な祭政分離」があったとする見方は、必ずしも妥当とは言えないのである。

では、この文武二（698）年八月の詔にはどういった意味があったのだろうか。たしかにこの詔の発布以来、不比等に始まる「藤原氏」が神祇祭祀に携わることはなくなった。

この詔によって、以後彼らが政治に専念することが可能になり、旧来の神祇に関わる職掌は、中臣氏が受け継いだことも確認できる。ただ押さえておきたいのは、以後中臣氏が神祇の職に専念したわけではなく、通常の行政にも役割を担い、参議や納言、右大臣にまで昇り詰めた者のいることである。彼らは神祇祭祀に関わる仕事と、一般的な行政官僚・律令貴族としての仕事の両方を担ってきたのであった。

こうした点を考慮すると、この文武二年の詔の意義についても再考すべき必要があるだろう。

奈良前期の議政官たち

改めてその後の議政官の移り変わりを見ていこう。

慶雲元（７０４）年

知太政官事・刑部親王（三品）

右大臣・石上朝臣麻呂（従二位）

大納言・藤原朝臣不比等（従二位）
同　・紀朝臣麻呂（従三位）
中納言・粟田朝臣真人（正四位下）
同　・高向朝臣麻呂（正四位下）
同　・阿倍朝臣宿奈麻呂（従四位上）
参議　・大伴宿禰安麻呂（従三位）
同　・小野朝臣毛野（従四位下）
左大弁・中臣朝臣意美麻呂（従四位上）
右大弁・息長真人老（従四位下）
兵部卿・参議・下毛野朝臣古麻呂（従四位上）
民部卿・巨勢朝臣麻呂（従四位下）

和銅元（708）年三月

知太政官事・穂積親王
左大臣・石上朝臣麻呂（正二位）
右大臣・藤原朝臣不比等（従二位）
大納言・大伴宿禰安麻呂（正三位）
中納言・小野朝臣毛野（正四位下）
同　・阿倍朝臣宿奈麻呂（従四位上）
同　・中臣朝臣意美麻呂（従四位上）
左大弁・巨勢朝臣麻呂（従四位上）
右大弁・石川朝臣宮麻呂（従四位下）
式部卿・参議・下毛野朝臣古麻呂（従四位上）

一氏から二名の参議という異例

ここまで持統四（690）年から和銅元（708）年までの十八年の推移を見ていくと、

いくつかのことに想到する。議政官の最高位の人物（「知太政官事」を除く）は、高市皇子→丹比真人嶋→阿倍朝臣御主人→石上朝臣麻呂と交代し、その後は不比等に継承される。これがその十年後、石上朝臣麻呂が亡くなったあと、養老二（718）年には、

右大臣・藤原朝臣不比等（正二位）
大納言・長屋王（正三位）
同　・阿倍朝臣宿奈麻呂（正三位）
中納言・丹治比真人地守（従三位）
同　・巨勢朝臣祖父（従四位上）
同　・大伴宿禰旅人（従四位上）
少納言・小野朝臣馬養（正五位下）
参議　・藤原朝臣房前（従四位下）

という体制になる。不比等が文字通り第一人者となり、しかも不比等に加えて二男の房《ふさ》前《さき》も参議に選ばれた。このとき初めて一氏から二名の議政官が生まれたのである。これは

それまでの慣例を破るものであった。氏のバランスを尊重する、一氏から一名ずつという原則がそれまでは厳然としてあったのである。

中臣氏と藤原氏

房前の登用によって、藤原氏から不比等と房前の二人が議政官に輩出された。これが藤原氏専権の一画期であったことは否定できない。その後はさらに増え、天平三（731）年に十名の議政官のうち、不比等の息子である藤原四子が全員選ばれるという、かつてであればとても考えられないような事態にまで達する。

知太政官事　舎人親王（一品）
大納言　藤原武智麻呂（正三位）
中納言　阿倍広庭（従三位）
参議　藤原房前（正三位）
　　　藤原宇合（従三位）

多治比県守（従三位）
藤原麻呂（従三位）
鈴鹿王（正四位上）
左大弁　葛城王（正四位下）
右大弁　大伴道足（正四位下）

そこで思い至るのが、慶雲元（704）年ころより中臣意美麻呂が議政官に進出し、不比等と共に廟堂の一角を占めるようになることである。これは、文武天皇二（698）年八月条の詔が発布された6年後になる。考えてみると、吉川敏子氏が指摘しているように、天武十三（684）年に一斉に朝臣姓を賜姓された五十二氏のなかに、中臣氏はあるが、藤原氏はない。逆に持統五（691）年八月に「其祖等墓記」提出を命ぜられた十八氏の中には、藤原氏はあるが、中臣氏はない。これは当時、両者が未分離で、ほぼ一体のものとされていたことを示唆するであろう。

これが文武天皇二（698）年八月条の詔により、不比等を藤原氏、意美麻呂を中臣氏と明確に別氏としたことによって、初めてもともと同族だった二人が同時に議政官に任じられることが可能になったのである。これはのちに不比等と房前という同族であり父子である二人が同時に議政官に名を連ねるようになる、その先駆けとも位置づけられるであろう。

藤原氏の台頭と外戚化

藤原氏の権力獲得の過程も決して順調な歩みではなかった。不比等の死後は皇族の長屋王が左大臣となり、政権の首座を担った。以後、長屋王が失脚し自殺するまでの九年間は、藤原氏は長屋王の下に甘んじていたのである。その後、武智麻呂、房前ら不比等の息子たちによる藤原四子政権が始まるが、八年後に九州から伝染した天然痘の大流行により、四子は全滅、そのあとは元皇族で臣籍に降下した橘諸兄《もろえ》が大納言から右大臣、左大臣となり、政権を担った。しばらくは藤原氏の冬の時代が続いたのである。武智麻呂の二男の仲麻呂が台頭し、橘諸兄が引退するのは四子の亡くなった十九年後のことである。

奈良時代の皇室・藤原氏関係図（中川 収『奈良朝政争史』をもとに作成）

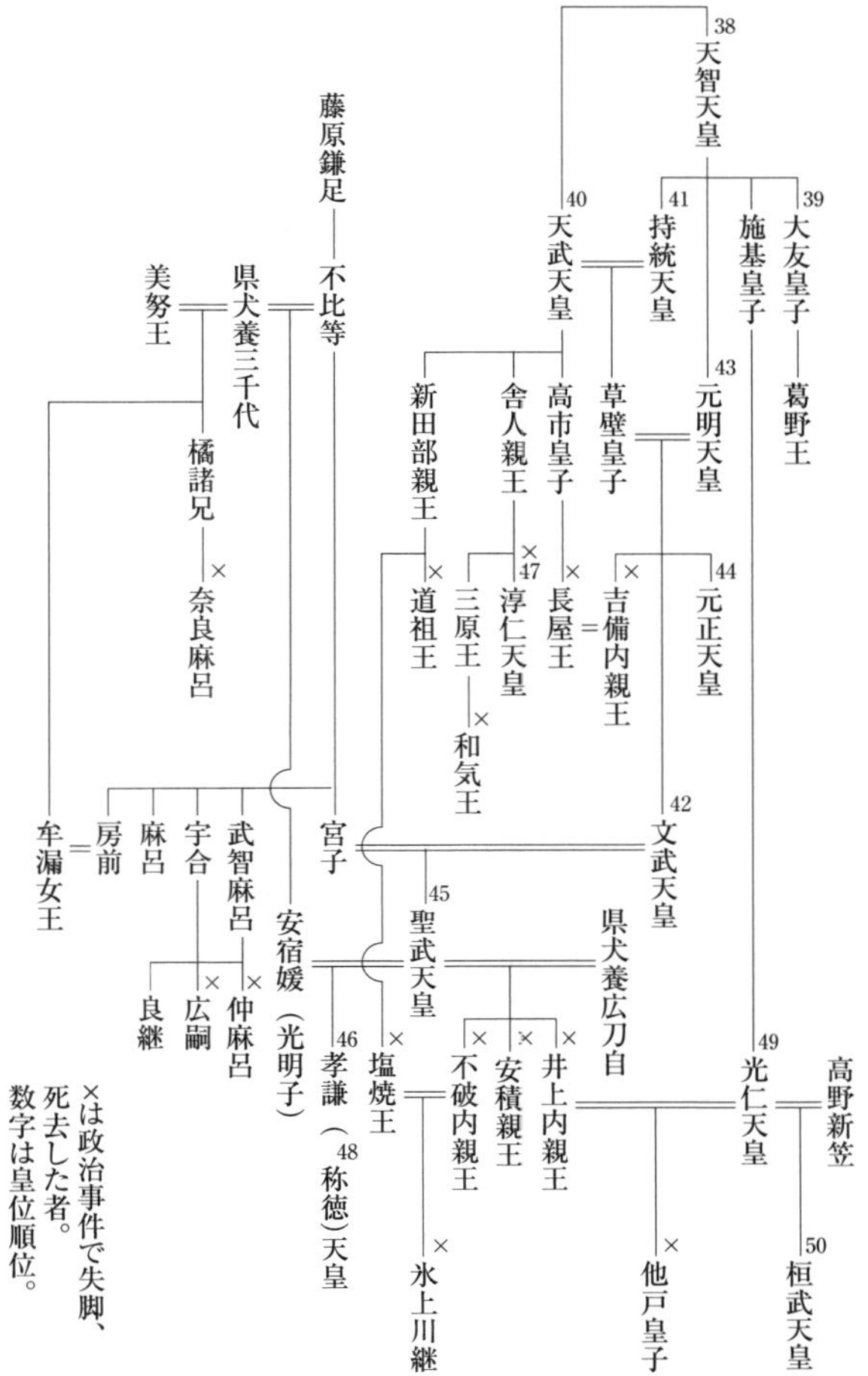

有為転変ありながらも変わらなかったのは、藤原氏の外戚としての地位である。文武天皇の妃で聖武天皇の母だったのは、藤原宮子。不比等の娘であった。その聖武天皇が皇后としたのは、やはり不比等の娘の光明子であった。光明皇后である。后妃は他にもいたけれども、彼女の皇后という地位は揺るがなかった。二代続けて外戚という地位を保ったことが、他の氏族とは異なる藤原氏の尊貴性を印象づけたと言っていいだろう。

それは、これらの天皇が皇族女子を后妃としなかったこととも関わりがある。少なくとも6世紀の継体朝ころから、大王の正妻たる大后のちの皇后には、一貫して皇族女性が立てられてきた。それが慣例だったのであろう。天智の皇后倭姫（舒明天皇の長子古人大兄皇子の娘）、天武の皇后鸕野皇女（のちの持統天皇。天智天皇の娘）に至るまでそうだったのである。

それが光明子の立后によって壊れた。いや実質的には文武天皇が宮子と、あと紀朝臣竈《かま》門娘《どのいらつめ》と石川朝臣刀子娘《とねのいらつめ》の三人だけを娶り、いずれも皇后にこそしなかったけれども、結局皇族女子を一人も娶らなかった段階で、この原則は崩れていたのである。これを決めたのはもちろん当時十五歳の文武天皇自身ではない。その祖母で後見役であった持統太上天皇である。天武には十人の皇子がいたから、当時、文武に妃を送れる皇族もいたに違いない。適齢期の皇族女子はいたであろうが、持統は自分の産んだ草壁皇子以外の天武の皇子たちには基本的に信頼を置いていなかったのであろう。彼らに外戚という地位を与えたくなかったのだ。

文武天皇の妃たち

文武天皇は、697年に十五歳で即位し、藤原不比等の娘宮子と紀朝臣竈門娘と石川朝臣刀子娘の三人の后妃を娶った。子どもは、宮子との間に701年に生まれた首皇子《おびとのみこ》、のちの聖武天皇しか知られていない。文武はその六年後に二十五歳の若さで崩御した。不可解なことに、文武の死から六年後の和銅六(713)年十一月、石川朝臣刀子娘と紀朝臣竈門娘は嬪《ひん》号を解かれた。離縁させられたのである。その理由は示されていない。

ただ石川朝臣刀子娘には子どもがいたらしい。『続日本紀』に名前の見える「石川朝臣広成」と「石川朝臣広世」である。のち天平宝字四（760）年二月、晩年になって二人は高《たか》円《まど》朝臣の姓を賜った。

角田文衛氏は、彼らを文武天皇の遺児であろうとする。首皇子（のちの聖武天皇）にとっては将来皇位継承の上でライバルとなるため、あらかじめその地位を奪われたのだという推測である。

そうであるならば、背後には首皇子の外祖父の不比等が関係していると見るのが自然であろう。また当時の元明天皇の意向も当然あったに違いない。元明は文武の生母である。持統・元明、この姉妹は功臣鎌足の息子である藤原不比等に対し、皇室の外戚として特に天皇を輔弼する役割を与えたのであった。その前では、いかに伝統ある名族石川氏も紀氏も、もうその力は通用しなかった。ここにも私は天皇専権を見る。

御方大野の父

律令制下の天皇がいかに絶大であったかを示す史実をもうひとつ挙げたい。天武朝に皇子であったが、何らかの罪によりその地位を剝奪され、臣籍に降ろされた人物がいる。おそらく謀反の疑いをかけられたのであろう。名前は不詳。その子の名前を御方大野《みかたのおおの》という。彼の父が天武朝の皇子であった。

天平十九（747）年十月に当時「春宮少属従八位上御方大野《とうぐうしょうさかん》」が姓を賜うことを申請したが、このときは認められなかった。天平宝字五（761）年十月になって「内舎人《うどねり》正八位上御方広名」ら三人に「宿禰」姓が下され、「御方宿禰」となった。

天平十九（747）年十月の勅で、聖武天皇は「御方大野」の父は「浄御原朝庭（天武朝）に於いて皇子の列に在った」が、「微《わず》」かの「科《とが》」により「遂に廃退」となり、皇子の座を剝奪されたと述べる。聖武はこの罪を許してやりたいと思うと言いながら、結局許さなかった。この皇子とは誰か、判明していない。天武朝に皇子の列にあった、というわけだから、天武の皇子とは限らない。天智の皇子などもあり得る。

かつて天武の皇子の磯城《しき》親王ではないかという説もあったが、現在では否定されている。そこで指摘されているのが、名前の伝わらない天智の皇子ではないかとする説である。傍証とされるのが、天智天皇の皇子の「志貴親王」の薨伝《こうでん》(霊亀二(716)年八月条)に、「親王は天智天皇の第七の皇子なり。」とある記事である。『日本書紀』に記される天智天皇の后妃、皇子女の記事には、天智の男子は長男の建《たける》皇子、二男の大友皇子、三男の川島皇子、四男の施基《しき》皇子(志基親王)の四人しか記されていない。にもかかわらず、『続日本紀』の志基親王の薨伝には「第七皇子」とあるのである。不可解なことだが、これは史料には残されていない天智の皇子がまだ三人存在した可能性を示していよう。先にも記したように、天武朝の朝廷において謀反や不敬を疑われる行動をとったことにより、その地位を剥奪されたのではないか、と推測するのである。

一人の皇子の身分をいきなりすべて剥奪する。それだけの力を天皇はもっていたのである。御方大野は天平十(738)年ころの官人歴名に、「東史生無位」とある(「大日本古文書」二十四巻八十五ページ)のが資料に見える初出である。このときは位階すらなく、その九年後ようやく「従八位」だったということから、彼の父は位階も官職もすべてを失ったのであった。おそらくそのとき、まだ大野は生まれてなかったのではないか。その後、彼は天平勝宝元（749）年七月に「従五位下」となり、同年八月「図書頭」に就任した。晩年になってようやく貴族としての位階と官職を得たのであった。

他にも天武は即位四年四月に王族の「麻続《おみ》王」とその子らを因幡に、五年九月には「筑紫大宰」の要職にあった「屋垣王」を土佐に流罪に処している。王族の謀反には容赦ない重罰を科したのである。

専制君主としての天皇

関晃は、律令国家の権力構造はかなり貴族制的な役割が強く、専制君主と言うには遙かに程遠いものであったと述べた。しかしこうした史料からすると、天武や持統、元明など7世紀後半から8世紀の天皇は、貴族たちの意向など顧慮せず、かなり専制的な権力を振るっていたように思えるのである。かつて中央豪族による合議制を運営していた豪族たちは、大化改新以降の律令制の形成過程の中で官僚化していった結果、次第に衰退していった。そのそもそもの始まりは、改新前夜の蘇我氏専権の時代において既に準備されていいたとも言える。当時すでに、大夫層の上に大臣馬子が立ち、その死後は大臣の地位を蝦夷が継いでいた。このころから、大夫層の豪族たちは、大臣の下で官僚化し始めていたのであった。だからこそ、大化改新以後もその流れに抗することなく、官僚貴族化していったのだ。

6世紀代から7世紀半ばまではたしかに存在していた中央豪族による合議制は、こうして8世紀には次第に形骸化していったのだろう。長山泰孝氏は、日本古代の豪族のこうした脆弱な面について以下のように述べている。

ひるがえって考えてみるに、貴族というものは政治的存在である前に、まず社会的存在であるはずであり、君主権力や官僚制の外に超然としてその勢力を保持し続けるだけの社会的実力をもつものが本来の貴族であると考えられる。

しかし日本古代の豪族は、そうはならなかった。律令国家の官僚機構に組み込まれた結果、彼ら自身の所領は減少し、その地位の低下がそのまま社会的衰退につながっていったのである。

第八章　豪族の時代の終焉

豪族としての秦氏

そうした中で、唯一例外といえる中央豪族がいる。8世紀において政治的存在である前に社会的存在として、自己の財産を自力で経営し、君主権力や官僚制の外に超然としてその勢力を保持し続けた豪族がいた。秦氏である。この列島で最も広範囲に分布する渡来系豪族については、九年前に一書を著した。彼らは大化改新以前は中央政界でも活躍し、特に聖徳太子と近い関係にあった。太子の長男であり、後継者であった山背大兄王の名は、山背国を広域にわたって治めていた秦氏との関わりに由来するのかもしれない。あるいは秦氏に養育された可能性もあろう。

しかしその山背大兄王が皇極天皇二年十一月、蘇我入鹿らによって斑鳩《いかるが》を襲撃され、滅ぼされる。このときいったん逃れて背後の生駒山に隠れた王に、四、五日後、側近がある進言をしたと『日本書紀』は伝える。

深草の屯倉（朝廷の直轄地）に移り行き、そこから馬に乗って東国へ行って、乳部《みぶべ》（皇

伏見稲荷大社

族の所有する私有民）を根拠地にして兵を起こして戦いましょう。そうすれば必ず勝てます。

しかし、山背大兄王はその言葉を受け入れず、いたずらに戦いをしたくないと言って自殺した。なぜ側近は、深草の屯倉に逃げようと言ったのか。またなぜそこから馬に乗って東国へ行き、勢力を挽回しましょうと勧めたのか。深草は今も伏見稲荷大社がある、秦氏ゆかりの地である。そこにある屯倉であるから、当然秦氏の息がかかっていたに違いない。父聖徳太子以来の秦氏との関係に頼ろうとしたのである。この深草の屯倉で秦氏が保管している馬に乗っていち早く東国へ逃れ、そこで勢力を蓄えて再起を図りましょうと言ったのだった。

しかし山背大兄王は、動かなかった。彼には秦氏の力を頼みにはできないという判断があったのだろう。既に、生駒山に隠れて四、五日経っていたのである。山背大兄王はこの間、側近に言われるまでもなく、密かに秦氏の応援を待っていたのではないだろうか。しかし彼らは助けには来てくれなかった。これによって、もう自分は秦氏には見捨てられたことを悟ったのだ。それが諦めの言葉につながったのだろうと私は考える。

秦氏がこのとき、こうした選択をしたことを責めることはできない。言うまでもないが、入鹿は当時並ぶ者のない力をもっていた。その彼らとの対立を避けたのも、やむを得ないことであろう。しかし苦しい決断であることには変わりはない。

以来、秦氏の動向が中央政界で取り沙汰されることはなくなった。これ以後、中央で見えるのは、近江の愛智《えち》秦造《はたのみやつこ》などである。秦河勝の息子など後継者については、『日本書紀』などにも記録されていない。以後、秦氏の本宗家は、本拠地である山背国に籠り、この地の開発に専念するようになる。高い位階につく者もいない。ひたすら山背の開発に意を注ぐのである。私はこれを山背孤立主義、山背モンロー主義と表現した。

秦氏の山背国開発

それから約一四〇年後、この山背に都が置かれることになる。桓武天皇の長岡京、平安京だ。長岡京造営構想の中枢に参画したのは藤原種継のほか、藤原小黒麻呂、佐伯宿禰今毛人《えみし》、紀船守などであったが、具体的に建設事業を推進したのは現地の秦氏の人々であった。長岡京の「宮城を築」いた功績で外正八位下から従五位上へ異例の昇進を遂げた「秦忌《はたのいみ》寸足長《きたりなが》」、「太政官院の垣」を築いた功績で従七位上から従五位下へ一気に昇進した「太秦公忌寸宅守《やかもり》」、「造宮大工」に選ばれたのが「物部多藝連建麻呂」、同じく「少工」に選ばれたのが「秦忌寸都岐麻呂《つきまろ》」らであった。現場の人々の中で目につくのは、圧倒的に秦氏なのである。

とりわけ長岡京の「宮城を築いた」という秦忌寸足長は、延暦三（784）年十二月の記事では「山背国葛野郡人外正八位下秦忌寸足長、宮城を築いて従五位上を授けらる。」とあり、翌年十月の記事には「主計頭」に任じられている。「主計頭」とは、中央財政の収支を計算し、予算の策定にも関わる財務官僚である。とりわけ新都建設の財源に関与していた可能性が高いだろう。この人物は、元はかろうじて「外正八位下」というほとんど一番下に近い位階を与えられていたのが「宮城を築い」た功績でいきなり従五位上に抜擢され、「主計頭」の官職を任されたのだ。こうした人物を野に抱えた秦氏の懐の大きさのようなものを感じる。

相次ぐ天災や人災で長岡京遷都を断念した桓武は、すぐに平安京遷都を企てた。ここでも地元の最有力勢力は秦氏であり、彼らの全面的な協力が必要であった。平安京の造宮職の長官を務めたのは、藤原不比等の曾孫、房前の孫にあたる正三位中納言藤原小黒麻呂《おぐろまろ》という人物であった。造宮に至る最も早い段階の延暦十二（793）年に、「山背国葛野郡宇太村」を視察したのが彼であった。この小黒麻呂もまた、秦氏と姻戚関係にある。藤原小黒麻呂は、秦下嶋麻呂という人物の娘婿なのであった。

要するに、藤原氏の中で地元の有力者秦氏と姻戚関係のある者、強力なコネクションのある者が特に選ばれて山背遷都事業の要職についたのである。逆にいえば、長岡京・平安

山背国の豪族分布（井上満郎『京都よみがえる古代』をもとに作成）

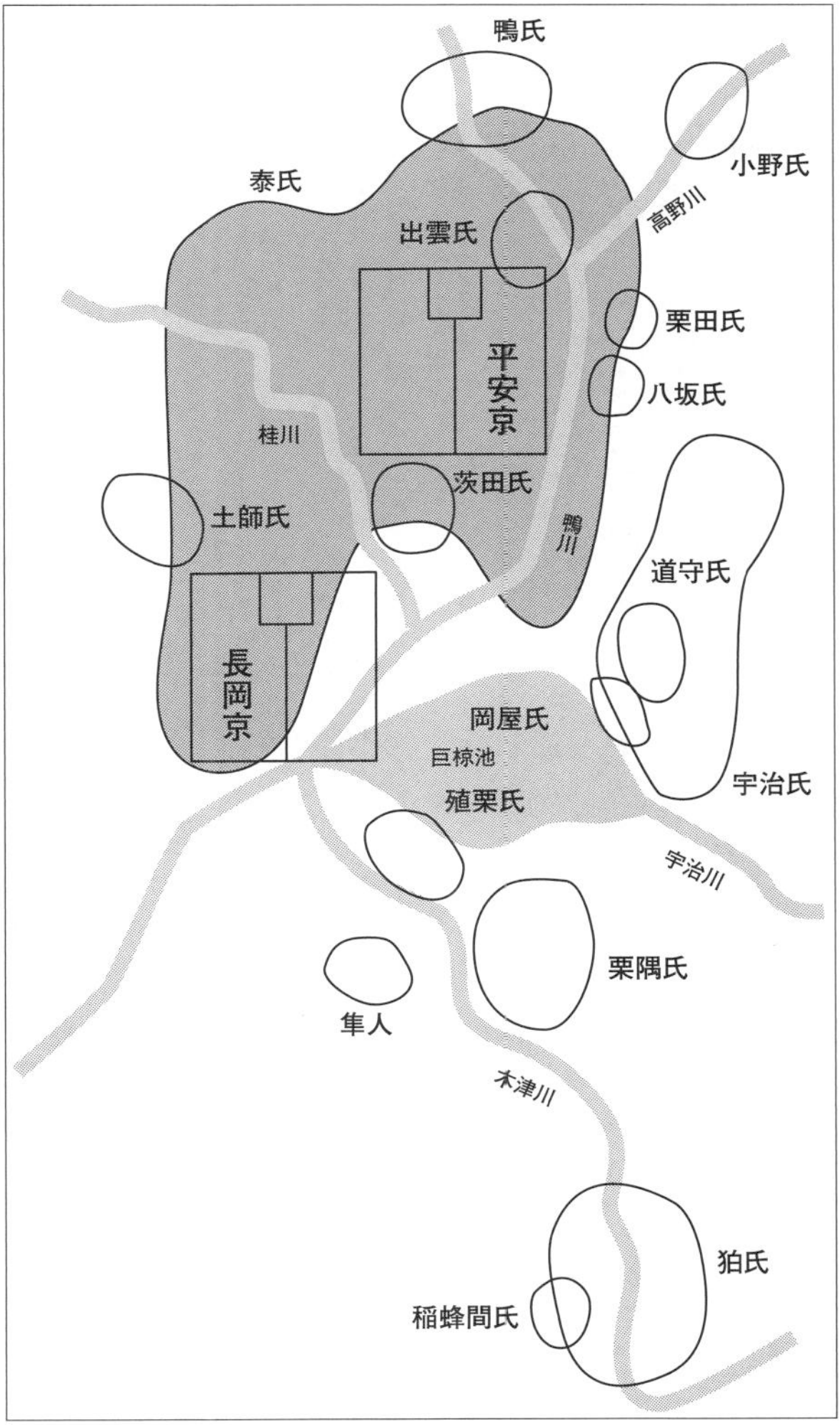

京造営の領導は秦氏とコネクションのある人物でなければ務まらなかった、ということであるかもしれない。

桓武天皇自身、生母の高野新笠《たかののにいがさ》は百済王家の末裔と称することもあり、前例にとらわれず渡来系豪族を多く登用した。新都造営に多くの貢献をした秦氏であるが、それでも彼らは位階は昇進しても、高い官職につく者は少なかった。自らの本拠地が都となることには協力を惜しまなかったけれども、あくまで政権中枢とは距離を置いたのである。

『聖徳太子伝暦』の伝承

山背国における秦氏の繁栄ぶりを伝える、旧著『謎の渡来人 秦氏』では紹介しなかった史料を挙げたいと思う。917年成立の『聖徳太子伝暦《でんりゃく》』である。ここに、秦氏の氏寺である広隆寺の創立伝承がある。

聖徳太子がある日、夢に見た楓《かえで》の美しい場所、大和から北へ五、六里のところにあるその場所を、秦河勝はきっとそこは私の村でございます、と言って案内するのである。

推古十二年秋八月、聖徳太子は秦造川勝に言った。「私は昨夜、夢を見た。ここから北を去ること五、六里のところにある、一つの美しき邑《むら》に至ったのだった。楓の林が香しく薫った。この林の下に、汝川勝よ、おのが親族を率いて私を饗《もてな》せ。私はそこへ行きたい」。川勝は、頭を下げて申し上げた。「私の邑は、まさに太子が夢で見られた村のようでございます。」その日に、太子は命じて出発された。川勝が先導し、その夕べには、泉河（木津川）の北のほとりに宿りした。太子は左右の者に語った。「私が死んだ後、二五〇年後に一人の僧侶が現われ、修行崇道して、この地に寺を建てるであろう」。（中略）

明くる日、菟途橋《うじ》（宇治橋）に至った。川勝の眷属《けんぞく》（一族）が、玄《くろ》い服を着、騎馬で橋のたもとに並び、太子一行をお迎えした。その数は道中に溢れるほどであった。太子は左右の者に言った。「漢人の親族、その家は富み栄え、また彼らの手織りの絹絁《けんし》は、美わしく、これこそ国家の宝である」。

紀伊郡（現京都市伏見）に至ると、川勝の眷属が、それぞれ清い酒食を献上した。太子につき従っていた下僕たち二百人以上は、皆この酒に酔った。太子は大いに悦ばれた。

その日、楓野大堰《かどののおおい》（桂川の大堰）に臨んで宿とされ、仮の宮を蜂岳《ほちおか》（現京都市太秦《うずまさ》）の下に造られた。宮は日ならずして完成した。太子はそこに来られ、侍従に語った。「私が、この地を相《み》るに、そこは国の秀《まほろば》である。南は開け、北は塞がれている。陽は南、陰は北。河がその前を東に流れ、順と成る。高い岳（比叡山）の上を龍は住処とし、常に臨んで王都を擁護している。東に厳しい神が有り、西には猛雲を仰ぎ見る。三百年後、一人の聖皇が現われ、再びここに遷して都とするであろう」。（中略）太子はここを楓野之《かどのの》別宮と名付けられた。後にこの宮を以って寺とし、川勝造に賜わった。

この書物ができたのは平安時代であるから、聖徳太子が山背国を訪ね、ここが三百年後に都となるであろうと予言するのはもちろん後世の者の後知恵であって、史実とは言えない。太子がここを訪ねたことも史実かどうかはわからないだろう。だが、たとえ推古朝の史実ではないとしても、この記述が記された当時、あるいはその少し以前の時代の秦氏の

現在の宇治橋

隆盛ぶりを伝える伝承であることは間違いない。

注目したいのは、大和から北上して山背国に向かう太子一行を、秦氏一族が宇治橋で出迎えたこと、そして伏見稲荷大社や深草のある紀伊郡で酒食をもてなし、最後に太秦に至ることである。これは宇治から秦氏の領域に入ることを示しているのであろう。

とりわけ宇治橋のたもとで正装をした一族がみな馬に乗って溢れるほどの人数で迎え、これを見た太子が「漢人の親族、その家、富饒にして」、「これ国家の宝なり」と讃えたという伝承はある意味、衝撃的である。河勝は山背における彼らの富と力を太子に誇示したのであった。伝承の中ではあるが、これを目の当たりにした太子は、彼らを讃えながらも、内心この富と実力を敵に回せばどうなるかを考え、震撼としたことであろう。

この伝承は、今も述べたように聖徳太子と秦河勝に仮託したものであって、当時の史実とは考えられないけれども、しかしすべてが造られた話だとは言えないのではないだろうか。長岡京、平安京の遷都に先立ち、山背の地を視察した桓武天皇は、これと同じような体験をしたのではないか。秦氏の族長の案内で将来の都の予定地を巡行したときの出来事がこの伝承のモデルになっているのではないだろうか。

平安京と秦氏

平安京の大内裏がもとは秦河勝の邸宅であったという伝承がある。10世紀中ごろに在位した村上天皇の日記『天暦御記《てんりゃくぎょき》』が、『拾芥抄《しゅうがいしょう》』という書物に引用されている。そこにこのような文章があるのである。

或る記に曰く、大内裏は秦河勝の宅である。橘はもとの大夫(秦河勝)の宅の南殿の前殿の橘樹で、もともとあった場所にこれを殖えたものである。「天暦御記に見える」桜の樹は本はこれは梅であった。桓武天皇の遷都の日に殖えられた所のものである。平安京の大内裏は、もとは秦河勝の邸宅であって、紫宸殿の左近の桜と右近の橘も、もとは秦河勝の邸宅にあったものだという内容である。平安遷都から約百五十年後の記述とはいえ、「天暦御記」という村上天皇の書いた日記にこう記されていたのである。

中央の豪族たちが、大化改新以後、官僚化して自立性を失い、さらに藤原氏との権力闘争に敗れ官僚としても高い地位につけなくなって、豪族としても衰退してしまった一方で、政権とは距離を置き、山背の開発に力を注いだ秦氏は、人々を瞠目させるほどの「富饒」を手にしたのであった。その彼らも、みずからのいわば領国を桓武天皇に提供し、平安京に誘致したことによって、解体を早めたのではないだろうか。こうして古代豪族のひとつの時代が終わったのである。

あとがき

平成十三（2001）年九月に初めての新書を文藝春秋から出版させていただいてから、この十八年の間に思いがけず5冊の新書を書いてきた。なぜか他の出版社からの誘いはなかったが、この数年ようやく他からも依頼をいただけるようになった。ただ三年前、勤め先の短期大学のある対外的な職務を任され多忙になったため、しばらく新書の執筆は控えてきた。ようやくその仕事も終わったころ、依頼を受けたのが宝島社新書の橋詰久史さんであった。ただもうひとつ別の先約の執筆もあり、そちらがひと段落ついた昨年十月半ばから書き始め、今年の二月十四日夜半に書き上げた。

その内容は、これまで私が書いてきた継体天皇、蘇我氏、秦氏、女帝と譲位をめぐる皇位継承などのテーマを集約したようなところもある。しかし本書で最も私が論じたかったのは、これまで新書等では取り上げられたことのほとんどなかった畿内政権論についてでである。

関晃氏の唱えた畿内政権論は、発表当初の黙殺に近い状態から、その後の早川庄八氏や大津透氏らのこれを裏付ける論文により一時期通説化した時期を経て、ここ十数年は複数の方面から批判を浴び、一部にはその歴史的役割を終えた、との声もある。

私自身も関氏の説には全面的には賛同するわけではない。本書にも書き連ねたように、律令制下に天皇と対抗するだけの権力を貴族たちがなおも保持していたとは考えがたい。しかし6世紀から大化前夜に至るまでは、中央豪族による合議制は単なる大王専制のための合議ではなく、大王・大臣・大連・大夫らが互いの利害や意向を話し合いで調整し、決定していくためのものとして機能していた。この点に着目した関氏の固定観念や教条的なイデオロギーに囚われない自由な視点に、学生時代から共感を抱いてきたのは事実である。こういった体制がどのようにしてでき上がったのかについて、今回私自身の考えを改めて検討することができた。

本書の本文を書き終え、初校正の上がるのを待っていた二月十六日の夜、直木孝次郎先生が百歳で長逝されたという報が入ってきた。今日で三日目になるが、今なおその寂寥の中にいる。

ふりかえると、大学院一回生のとき、日本書紀研究会でお見かけしたのが最初だった。翌年、最初の論文の抜き刷りを郵送させていただいたところ、思いがけずお返事の葉書をいただき感激した。その後、何度かご挨拶をする機会があったが、いずれも天にも昇る気持ちであった。長い浪人暮らしを経て44歳で現在の短期大学に職を得たが、そのときいただいたお祝いのお葉書は、今も私の机の右の本棚に挿してあって、心塞ぐときなどに取り出して読み返している。

この十年ほどずっと心の中にあった先生のお言葉がある、十三年ほど前、日本書紀研究会の忘年会でたまたま隣席になり、この機会に一度伺ってみたかった質問をした。それは歴史学の研究者にとって、一番能力の発揮できるピークの時期はいつでしょうか、という質問である。理系だと三十歳代前半くらいまで、と言ったりするらしいが、文系、それも歴史学の場合はいつごろなのだろうか。失礼な質問かもしれないが、もうそのころ先生も八十代半ばに達せられていたので、勇を鼓してお聞きしたのである。

先生は割とすんなりと、四十五歳から五十五歳まで、と答えてくださった。教師としてはもっと若いほうがいいが、研究者としてはこれくらいでしょうか、というふうなお答えだった。

そのとき私は四十三歳だったので、まだこれからだ、と思ってホッとしたのを覚えている。二年後、四十五歳の誕生日にはいよいよこの十年に入ったと、身の引き締まる思いであった。勝負の十年、この間に成果を上げねば、と気負いこんだものである。

今、私は五十六歳になっている。この十年の後半は勤め先の仕事も多くなり、前著を発表してから六年もの空白ができてしまった。それでもこの十年、この言葉を忘れたことはなかった。今年は秋から冬にかけてあと二冊、出版する予定である。あのとき直木先生は私の質問に真摯に答えてくださっただけなのだが、あのお言葉は、私にとってこの十年の励ましとなり、鞭となった。私はもとより門下生でも親しく教えを受けた者でもないが、僭越ながら感謝の気持ちと今後の精進を先生に誓いたいと思う。

参考文献

第一章　日本古代史における豪族

関晃『日本古代の国家と社会』(『関晃著作集』第四巻、一九九七年)『帰化人』(二〇〇九年、講談社学術文庫)
大津透「解説」(関晃『帰化人』前掲)
井上光貞『わたくしの古代史学』(一九八二年、文藝春秋)
日野昭「蘇我氏と天皇家」(『日野昭論文集Ⅰ日本書紀と古代の仏教』二〇一五年、和泉書院)
佐藤長門『日本古代王権の構造と展開』(二〇〇九年、吉川弘文館)
川尻秋生「日本古代における合議制の特質―「畿内政権論」批判序説―」(『歴史学研究』第七六三号、二〇〇二年)
井上光貞・門脇禎二・関晃・直木孝次郎『シンポジウム日本歴史3大化改新』(一九六九年、学生社)
井上光貞『飛鳥の朝廷』(一九七四年、小学館)、「雄略朝における王権と東アジア―五世紀末葉・六世紀前半における倭国とその王権―」(『天皇と古代王権』二〇〇〇年、岩波現代文庫)
石母田正『日本の古代国家』(一九七一年、のち岩波文庫所収)
伊藤循「畿内政権論争の軌跡とそのゆくえ」(『歴史評論』第六九三号、二〇〇八年)
関根淳「書評佐藤長門著『日本古代王権の構造と展開』」(『歴史学研究』)
関晃「マルクシズム思想の根本的疑問～正しい歴史理解のために～」(『関晃著作集』第三巻、一九九七年)

第二章　豪族の始まり ～豪族の分布・古墳と集落～

近藤義郎『前方後円墳の時代』(一九八三年、岩波書店)
吉村武彦『ヤマト王権』(二〇一〇年、岩波書店)
坂　靖『古墳時代の遺跡学―ヤマト王権の支配構造と埴輪文化―』(二〇〇八年、雄山閣)、「6世紀の大王と有力氏族―奈良盆地中・南部の集落と古墳―」(『河上邦彦先生古稀記念献呈論文集』、二〇一五年)、「各地の古墳Ⅳ畿内」(『古墳時代研究の現状と課題』上、二〇一二年、同成社)など

菱田哲郎『古代日本国家形成の考古学』（二〇〇七年、京都大学学術出版会）
田中元浩「開発の進展と集落の展開からみた畿内地域」（『古代学研究』二一一号、二〇一七年）
寺沢薫『王権誕生』（二〇〇〇年、講談社）
塚口義信「桜井茶臼山古墳・メスリ山古墳の被葬者について」（横田健一編『日本書紀研究』第二十一冊、一九九七年）。
白石太一郎『古墳とヤマト政権』（一九九九年、文藝春秋）、「古墳からみた大王と豪族―6世紀の大和と河内を中心に―」（大阪府立近つ飛鳥博物館平成二八年度秋季特別展「大王と豪族」図録、二〇一六年）
清家章『埋葬からみた古墳時代　女性・親族・王権』（二〇一八年、吉川弘文館）
田中晋作「古墳時代前期の政権構造について」（「つどい」第三六七号、二〇一八年）
福永伸哉『三角縁神獣鏡の研究』（二〇〇五年、大阪大学出版会）
塚口義信「四世紀後半における王権の所在―香坂王・忍熊王の謀反伝承に関する一考察―」（末永先生米寿記念会編『末永先生米寿記念献呈論文集』坤、一九八五年）、「佐紀政権から河内政権へ―神功・応神伝説の意味するもの―」（塚口義信先生古稀記念『日本古代学論叢』所収、二〇一六年）、「四、五世紀の葛城南部における首長系列の交替」（「東アジアの古代文化」第一三七号、二〇〇八年）。

第三章　雄略から欽明の時代
～中央豪族合議制の成立～

井上光貞「帝紀からみた葛城氏」（『日本古代国家の研究』一九六五年、岩波書店）
柳沢一男『筑紫君磐井と「磐井の乱」』（二〇一四年、新泉社）
平林章仁『謎の古代豪族葛城氏』（二〇一三年、祥伝社）
塚口義信『ヤマト王権の謎をとく』第四講「葛城氏の発展と没落」（一九九四年、学生社）
直木孝次郎「巨勢氏祖先伝承の成立過程」（『日本古代の氏族と天皇』一九六四年、塙書房）
日野昭」『日本古代氏族伝承の研究』第一部第二章「後裔氏族の伝承」（一九七一年、永田文昌堂）
直木孝次郎「人制の研究」（『日本古代国家の構造』、一九五八年、青木書店）
岸俊男「ワニ氏に関する基礎的考察」（『日本古代政治史研究』一九六六年、塙書房）

加藤謙吉『ワニ氏の研究』（二〇一三年、雄山閣）
水谷千秋『謎の大王継体天皇』（二〇〇一年、文藝春秋）、『継体天皇と朝鮮半島の謎』（二〇一三年）
和田晴吾「古墳文化論」（『日本史講座』第一、二〇〇四年）
佐藤長門『日本古代王権の構造と展開』（前掲）。

第四章　蘇我氏全盛期における豪族たち

加藤謙吉「大夫制と大夫選任氏族」（『大和政権と古代氏族』一九九一年、吉川弘文館）
倉本一宏「氏族合議制の成立」（「ヒストリア」第一三一号、一九九一年）
日野昭「蘇我氏と天皇家」（前掲）
佐藤長門『日本古代王権の構造と展開』（前掲）。
塚口義信『ヤマト王権の謎をとく』第四講「葛城氏の発展と没落」（前掲）

第五章　大化改新と豪族

吉川真司『飛鳥の都』（二〇一一年、岩波書店）
坂本太郎『大化改新の研究』（一九三八年、至文堂）
関晃『日本古代の国家と社会』（前掲）
井上光貞「カバネ・位階・官職」（『井上光貞著作集』第五巻『古代の日本と東アジア』一九八六年、岩波書店）
石母田正『日本の古代国家』（前掲）
水谷千秋『謎の豪族蘇我氏』（二〇〇六年、文藝春秋）
大津透『天皇の歴史1　神話から歴史へ』（二〇一七年、講談社）
森公章『人物叢書　天智天皇』（二〇一六年、吉川弘文館）、『戦争の日本史1　東アジアの動乱と倭国』（二〇〇六年、吉川弘文館）
直木孝次郎「官人制の展開」（『飛鳥奈良時代の考察』高科書店、一九九六年）
松本清張『壬申の乱 清張通史』第五巻（一九七九年、講談社）
吉村武彦『古代天皇の誕生』（一九九八年、ＫＡＤＯＫＡＷＡ）
荒木敏夫『可能性としての女帝』（一九九九年、青木書店）
遠山美都男『大化改新』（一九九三年、中央公論社）、『天智と持統』（二〇一〇年、講談社）
門脇禎二『「大化改新」史論』（一九九一年、思文閣）
熊谷公男『日本の歴史03大王から天皇へ』（二〇〇〇年、講談社）

第六章　天智・天武の時代と豪族

坂本太郎『大化改新の研究』（前掲）
井上光貞『大化改新と東アジア』（一九八一年、山川出版社）
吉川真司『飛鳥の都』（前掲）
横田健一「大織冠伝と日本書紀」（『白鳳天平の世界』一九七三年、創元社）
大津透『天皇の歴史1　神話から歴史へ』（前掲）
大坪秀敏『百済王氏と古代日本』（二〇〇八年、雄山閣）
松倉文比古「物部氏の滅亡について」（『木村武夫先生喜寿記念　日本仏教史の研究』一九八六年）
平林章仁『蘇我氏の研究』（二〇一六年、雄山閣）
大津透『古代の天皇制』（一九九九年、岩波書店）

第七章　律令制と豪族

早川庄八『日本古代官僚制の研究』（一九八六年、岩波書店）、『天皇と古代国家』（二〇〇〇年、講談社）
大津透「律令国家と畿内」（横田健一編）『日本書紀研究』第十三冊、一九八五年）
加藤謙吉「」（『日本古代の豪族と渡来人』二〇一八年）
竹内理三「『参議』制の成立」（『律令国家と貴族政権』第I部）
阿部武彦「古代族長継承の問題について」（『日本古代の氏族と祭祀』一九八四年、吉川弘文館）、
長山泰孝「律令国家と王権」「古代貴族の終焉」（『古代国家と王権』一九九二年、吉川弘文館）、「国家と豪族」（『岩波講座日本通史』一九九四年、岩波書店）
上田正昭『藤原不比等』（一九七八年、朝日新聞社）
倉本一宏『藤原氏-権力中枢の一族』（二〇一七年、中央公論新社）
吉村武彦『蘇我氏の古代』（二〇一五年、岩波書店）
角田文衛「首皇子の立太子」（『律令国家の展開』一九六五年、塙書房）
吉川敏子「中臣鎌足の三島退去の時期についての試案」（『律令貴族成立史の研究』二〇〇六年、塙書房）。

第八章　豪族の時代の終焉

水谷千秋『謎の渡来人 秦氏』（二〇〇九年、文藝春秋）
井上満郎『古代の日本と渡来人　古代史にみる国際関係』（一九九九年、明石書店）

水谷千秋（みずたに・ちあき）
1962年、滋賀県大津市生まれ。龍谷大学大学院文学研究科博士課程満期退学（国史学）。博士（文学）。堺女子短期大学教授・図書館長。日本古代史専攻。著書に『継体天皇と古代の王権』（和泉書院）、『謎の大王 継体天皇』、『女帝と譲位の古代史』、『謎の豪族 蘇我氏』『謎の渡来人 秦氏』『継体天皇と朝鮮半島の謎』（以上、文春新書）がある。

宝島社新書

古代豪族と大王の謎
（こだいごうぞくとだいおうのなぞ）

2019年4月24日　第1刷発行

著　者　水谷千秋
発行人　蓮見清一
発行所　株式会社　宝島社
〒102-8388 東京都千代田区一番町25番地
電話：営業　03(3234)4621
編集　03(3239)0927
https://tkj.jp
印刷・製本：中央精版印刷株式会社

ISBN 978-4-8002-8722-9